Heibonsha Library

[増補] 戦国大名

JN118031

平凡社ライブラリー

Heibonsha Library

［増補］戦国大名

政策・統治・戦争

黒田基樹

平凡社

本著作は二〇一四年一月に平凡社新書として刊行されたものです。

目次

本書のねらい……9

序章　戦国大名の概念……15
戦国大名とは／「自分の力量」による領国支配／「給人も百姓も成り立ち候様に」／国境の展開と「御国」観念の成立

第一章　戦国大名の家臣団構造……29
「北条家所領役帳」の世界／家臣団の階層構成／寄親寄子制の特徴／御恩と奉公／家臣化する百姓／在村被官をめぐる矛盾／被官化をめぐる矛盾

第二章　戦国大名の税制……57
大名の課税と領主の課税／戦国大名検地の性格／北条氏の検地と棟別改／大名と村の駆け引き／大名と村との契約／大名の「国役」／年貢と公事の納入方法／滞納分の処理方法／統一的税制の構築／臨時の普請役

第三章　戦国大名の流通政策……97

過書と伝馬手形／変わる関所の性格／大名による出入国管理／領国をまたぐ流通／荷留めと道留め／宿と市／楽市と楽座／撰銭の対策／徳政と人返し

第四章　戦国大名の行政機構……133
地域支配の構造／領域支配者の階層性／徴税の仕組み／村役人制の展開／目安制と裁判制度／分国法の意義

第五章　戦国大名と国衆……159
国衆とは／「家中」か「味方」か／従属関係の在り方／両者を仲介する取次／遠方に在番する国衆／大名に依存する国衆

第六章　戦国大名の戦争……187
戦国大名の戦争の背景／村の戦争参加／村の武力の内実／土豪屋敷も防衛拠点／領国中枢地域での変化／境目の戦場と半手／地域が平和領域を創造

終章　戦国大名から近世大名へ……215
信長・秀吉の評価／織豊期のとらえ方／戦争を前提としない権力へ

主要参考文献……226
あとがき……231

増補　戦国大名論をより詳しく理解するために……235

増補一　戦国大名の民衆動員……236
はじめに／一、北条氏の人改令／二、民衆動員の特徴／おわりに

増補二　戦国時代の侍と百姓……267
はじめに／一、「兵農分離論」の幻想／二、戦国大名の家臣団構成／
三、在村被官の様々な動向／おわりに

平凡社ライブラリー版　あとがき……299

本書のねらい

歴史研究は、戦後になって、実証と理論を兼ね備えたものとして、著しい発達をみせてきた。すでに戦後になって七〇年近くが経とうとしているが、その様相はますます進展をみせている。しかしながら『戦国大名』という書名を持った、戦国大名そのものに関する良質の概説書となると、実はこれまで二冊しか出ていないのである。一冊は、奥野高広『戦国大名』（塙選書9）で、一九六〇年の刊行である。これは当時における実証研究の結晶ともいうべきもので、多くの事項が列挙されており、当時知りうる網羅的な内容となっている。もう一つは小和田哲男『戦国大名』（教育社歴史新書〈日本史〉55）で、一九七八年の刊行である。これは新書という少ない分量のなかで、基本的な事項について、当時の研究成果が的確にまとめられたものとなっている。

ところが、戦国大名の研究が、質的にも量的にも大きく進展をみるのは、その後の、一九八〇年代以降のことであった。戦国大名に関する史料の発掘と分析がすすみ、それまでとは比較にならないほどの成果があげられていった。それにともなって、戦国大名のとらえ方も大きく変容をみせていった。私もこれまでに、その一定の側面について、『戦国大名の危機管理』(歴史文化ライブラリー200　二〇〇五年)や『百姓から見た戦国大名』(ちくま新書618　二〇〇六年)で成果を示してきたし、他の研究者によっても同様のこころみが行われている。

けれども八〇年代以降の研究成果を集約した、それまでとは異なる新しい戦国大名像を凝縮したような、手軽な概説書というものは、いまだ出されていない。そのため、旧来の像がともすれば、いまでも引きずられかねない状況がみうけられている。その最たるものの一つが、織豊大名・近世大名との関係のとらえ方である。七〇年代までは、戦国大名と両者の関係は決定的に質が異なるものとされてきた。現在でも、そうしたとらえ方を維持する研究者も少なくない。しかし、八〇年代以降の戦国大名研究のなかで、そうしたとらえ方に対しては根本的な疑問が出され、実証的にも否定されてきている。

むしろ現在では、戦国大名と織豊大名・近世大名とは、領域権力ということで基本的な性格を同じくし、社会状況の変化に応じて、その様相を変化させていったものというとらえ方が強くなっている。そこではかつて中世と近世を分かつキーワードとなっていた、「太閤検地」「兵農分離」「石高制」などの問題は、実は研究上の世界だけにおける、ある種の幻想であったことがはっきりとしてきているといってよい。そもそものように両者を異質な存在とするとらえ方が可能であったのは、戦国大名の研究が乏しいものであったことによっていた。

では現在、戦国大名は総体として、どのような存在で、どのような特質を持つものと考えられるのか。それこそが本書で示したい内容となる。それが本書の書名を、単に『戦国大名』とする理由でもある。しかしいうまでもないが、本書は新書という体裁にあるため、分量に限りがある。そのため戦国大名に関するあらゆる事項について取り上げるというわけには、もちろんいかない。そのため本書では、現在の戦国大名研究の成果をもとに、戦国大名という存在を理解するうえで、基本となる事柄を内容として構成することにした。それによってむしろ、現在における戦国大名像を、端的に認識していただくことができるものとなろう。

以下、本書の基本的な構成について、あらかじめ触れておくことにしたい。

序章では、私が考える戦国大名の歴史的特質を提示した。以下の本文は、この特質に照らしながら、具体的な内容を示していくかたちをとっている。

戦国大名の権力構造は、権力基盤としての家臣団と、支配基盤としての村からなっているととらえられる。第一章では、前者にあたる家臣団の在り方について取り上げている。第二章では、後者にあたる村に対する課税の様相について取り上げている。まずはこれらによって、戦国大名というものの、基本的な性格と構造を認識していただけるものとなろう。

戦国大名はまた、一個の自立的な国家としての性格にあった。第三章では、領国内外における流通・交通への対応について取り上げている。続く第四章以降は、国家としての領国の具体的な構造の在り方について取り上げている。第四章では、領国全体を統治する行政機構について取り上げている。第五章では、領国の周縁部に存在した、独立的な領国支配を展開する国衆の存在と、それとの関係の在り方について取り上げている。

以上を踏まえて第六章では、戦国大名の本分ともいうべき、戦国大名の戦争の特徴について、領国の構造や領国内における「平和」の確立と対応させながら、取り上げている。そこでは逆に、第一章・第二章で取り上げた基本構造の特徴が、実は戦争に規定された性格にあったこともみえてくることになろう。そしてこれらによって、戦国大名という存在が、どのような歴史的存在であったのかについて、認識していただけるものとなろう。

最後に終章として、織豊大名・近世大名への変化について、どのようなとらえ方をするのが適切なのか、現在の私の理解を示しておいた。具体的な内容の提示は、いうまでもなく本書の範囲を超える。しかしこの問題に触れないと、旧来の研究との相違が充分に伝わらないうらみがあると考え、見取り図的に示しておくことにした。

なお本書では、必要に応じて典拠史料を示した。ただし史料集収録のものについては、史料集名を略記し、収録番号によって示している。史料集名の略号は以下の通りである。

戦北…『戦国遺文　後北条氏編』

戦武……『戦国遺文　武田氏編』
戦今……『戦国遺文　今川氏編』
戦古……『戦国遺文　古河公方編』
戦房……『戦国遺文　房総編』
上越……『上越市史　別編1』

序章　戦国大名の概念

戦国大名とは

そもそも「戦国大名」という用語は、当時における史料用語ではなく、後世における歴史用語、すなわち学術用語である。したがってその定義については諸説あるのが現実であり、さらには「戦国大名」という用語すら、不必要とする学説も出されている。そうはいっても想定されている対象は、相模の北条氏、甲斐の武田氏、駿河の今川氏、越後の上杉氏、安芸の毛利氏、豊後の大友氏、薩摩の島津氏など、おおまかな一致をみている。これらに共通するのは、戦国時代に存在した一定の地域を支配する「家」権力、という性格になる。したがってこうした存在をさしあたって「戦国大名」と括ることは有効であろう。それらに共通する性格、さらには前後の時代の政治権力との相違を追究していくことで、その定義を確立していけばよいのである。

またそのような地域権力については、領域権力と呼んでいる。支配が及ぶ地域が面的に展開していたからである。それは当時、「国」と称された。そのため戦国大名が支配する領域を、領国と呼んでいる。領国は、線引きできるような、いわゆる国境で囲われた面として存在していた。その領国では、戦国大名が最高支配権者として存在した。領国は、他者の支配権が一切及ばない、排他的・一円的なものであった。そこには天皇や室町幕府将軍などの支配も及ばなかった。こうしたことは、戦国時代が、室町幕府が存在していたとしても、室町時代とは本質的に異なる、時代の特徴を示している。さらに政治権力が領域的に存在したことも、戦国時代以前の列島社会の歴史にはなかったことであった。排他的・一円的な支配の展開と、領域性は一体のものであった。

以上をまとめると、戦国大名とは、領国を支配する「家」権力ということになる。念のためいっておくと、したがって「戦国大名」はある特定の個人を指すような概念ではない。一般的には、戦国大名家の当主をそのまま「戦国大名」と考えがちになるが、理屈からいうと決してそうではない。大名家当主は、「家」権力の統括者という立場であり、権力体としての「戦国大名」は、大名家当主を頂点に、その家族、家臣などの構成員を含めた組織であり、いわば経営体ととらえるのが適当である。

本書では、こうした戦国大名の性格について、いくつかの側面から具体的に取り上げていくことになるが、ここでさしあたって、戦国大名というものがどのような特質を持っていたのか、端的にうかがうことができる事柄について、あらかじめ取り上げておくことにしたい。これによって私が考える戦国大名の特質、すなわち前後の時代の政治権力との違いや、戦国大名ととらえる政治権力が有している特徴について、簡潔に認識していただけるものとなろう。

「自分の力量」による領国支配

まずは領国を支配するということについての、権原についてである。この点は戦国大名の概念をめぐる学説においても、議論がたたかわされている部分でもある。学説を大きく分けるとすれば、実力によるとするものと、上位権力からの権限移譲（守護論など）によるとするものとに、まとめられるであろう。では実際には、どのようにとらえることができるであろうか。

戦国大名の領国は、当時においては「国家」と称された。領国とそれを主導する大名家が一体のものと認識され、それによって生じた用語といえる。したがって領国は、実質的にも名目的にも、一個の自立した国家として存在していたととらえられる。戦国時代とは、列島各地にそうした地域国家が乱立して存在していた時代、ということになる。

戦国大名の地域国家としての性格が、最も端的に表現されているのが、今川氏が制定した「分国法」（領国法）である「今川仮名目録追加」の第二〇条である。

旧規より守護使不入と云う事は、将軍家天下一同御下知をもって、諸国守護職を仰せ付けらるる時の事なり、守護使不入とありとて、御下知に背くべけんや、只今はおしなべて、自分の力量をもって、国の法度を申し付け、静謐する事なれば、守護の手入る間敷事、かつてあるべからず、

《訳》

昔、守護使不入というのは、室町幕府将軍が天下を支配し、諸国に守護職を任命していた時代でのことである。守護使不入であったからといって、今川氏の命令に背いてはいけない。現在はすべてについて、自分の力量で、領国に法度を言い付け、平和を維持しているので、守護（今川氏）が干渉ができないような事柄などは、そもそもありようがない。

ここにみえる守護使不入とは、室町時代に、守護の使者が所領に入部してくることを拒否できる特権で、それは室町幕府将軍（正確には首長の「室町殿」）から与えられた。守護は、あくまでも将軍から任命される、地方行政・軍政官にすぎなかった。守護の管轄地域は、決して守護の所領であったわけではなく、そこには将軍に直属する多数の人々の所領があった。その所領について、守護使不入の特権を与えられることがみられていた。それはともに、将軍に従っているから成立しえた関係であった。

ちなみに戦国時代を、人々はまだ「室町時代」と認識していた。「当代」として、室町幕府の治世を認識していたからである（「先代」といった場合は鎌倉幕府の統治時代を指していた）。戦国大名も、室町幕府や朝廷との間に、大名によって程度の差はあるが、幕府から守護職に任命されたり、幕府・朝廷から官位を与えられるなど、さまざまな政治関係を維持していた。とくに畿内や西国の大名に顕著にうかがうことができ、そのためそれらの地域の戦国大名については、そうした上位権力との関係で位置付けようとする研究もみられる。そうした学説が「戦国期守護論」として括られているものにあたる。

しかし現実をみてみると、そのように幕府・朝廷と頻繁な関係を持っていたのは、それら畿内・西国の大名に限られている。例えば、永禄二年（一五五九）に幕府で作成された「諸国庄々公用之事」（「大館記」所収）という、諸国の大名などから幕府への上納に関するメモをみると、「駿河今川（義元）は、以前は千疋《びき》（一〇貫文）ほど送ってきていたが、そのうち毎年は送られてはこなくなり、近年は書状さえ送られてこない」とか、「北条（氏康）は、以前は千疋ほど送ってきていたようだが、覚えていない、一〇年・二〇年も馬代すら送られてきていない」「伊達（晴宗）は、近年は書状さえ送ってこない」などと記されているのであり、すでに幕府との通交すら断絶した大名が多く存在しているのである。そのような大名が存在しているのだから、戦国大名を定義付けようとするならば、それらをも含めた、共通する要素をもって行うのが順当な手法であろう。

そうしてみてみると、何よりも前掲の条文の後半部分では、戦国時代は、戦国大名があくまでも「自分の力量」で領国を支配し、維持しているのだから、その命令に従わない場所など、そもそも存在しない、と明言されていることを、決定的に重視すべきである。すなわち戦国大名の支配が、あくまでも自力によるものであることが、当の戦国大名自身の発言によって知ることができる。このように戦国大名の存立は、あくまでも自力によるものであり、たとえ室町幕府や朝廷と関係があったとしても、それは本質的なものではなかったことがわかる。

「給人も百姓も成り立ち候様に」

戦国大名の権力構造を端的に表現すれば、支配基盤としての「村」と、権力基盤としての「家中《かちゅう》」の存在に特質付けられていたということができる。そうするとその構造とは、領国支配を主導し、「家中」に対し主人として存在する大名家当主とそれを支える執行部、それらの指揮をうけ奉公する「家中」、両者からの支配をうける「村」の、三者関係として認識することができる。

したがって戦国大名は、「家中」と「村」が存続してはじめて存立することができる構造にあった。そのことは当の戦国大名自身も認識しており、それを最も的確に表現しているのが、羽柴秀吉による「給人も百姓も成り立ち候様に」という言葉である。これはすでに天下人になった段階でのものだが、生国であった尾張国の復興策に取り組むにあたってその方針を示したなかでの発言であり、「給人」（家来）も「百姓」（村）もともに「成り立ち」（存続）できるようにすることを掲げている。

戦国大名という権力体が存立するためには、軍事・行政の実務を行う家来と、納税する村の両方が、それらの負担が可能な程度に存続していることが前提になっていたのである。したがってここから、大名が支配下の村に対して、一方的、容赦のない収奪を行うなどということは、ありえないことがわかる。そのようなことをして村々を潰すことになったなら、自らの存立そのものを危機に陥れることになったからである。

まず戦国大名の支配基盤は、政治団体としての「村」にあった。村が当時における社会主体であり、大名への納税主体であったことによる。村は一定領域を占有し（村領域）、そこから得られる、用水や燃料などの資源をもとに、生産・生活を行っていた。時に、それらの生産資源をめぐって、隣接する村との間で、武力を用いて激しい紛争を行うこともあり、まさに「政治団体」として存在していた。その村の構成員が百姓であった。かつては大名は個々の百姓家を支配していたととらえられてきたが、村こそが当時における社会主体であり、百姓家は個々に存在しているのではなく、村に所属することで存在することができた。こうしたことから、戦国大名の支配基盤は、個々の百姓家ではなく、それらを構成員とした政治団体である村であった、ととらえられるのである。

とりわけ村との関係で特筆すべきは、村による戦争費用の負担である。戦国時代における戦争の恒常化、それにともなう城郭の恒常的存在のため、城郭の築造・修築のための普請役《ふしんやく》、戦時における物資輸送のための陣夫役《じんぶやく》が恒常化していた。そうした負担は、領国下の村に課された。逆にいえばそれらの負担を受け容れた村々の集合体が、その大名の領国として存在したことになる。そしてそれらの村々自体が、村領域というかたちで領域的に存在していたから、その集合体としての領国も、領域的に展開するという関係にあった。

次に戦国大名の権力基盤は、家来の集合体としての「家中」という組織にあった。家来は、いわゆる従者・家臣にあたり、その集合体であることから、「家中」とは、一般的にいう「家臣団」にあたっているといってよいが、当時の用語としては「家中」や「洞《うつろ》」などと称された。「家中」という用語そのものは、家来組織を指すものにすぎず、室町時代にもあったが、その性格が変わるのである。室町時代までは、所領の村同士の紛争から領主間戦争が展開していたが、戦国時代に入って、戦争の恒常化のなか、家中構成員が自力解決を自己規制し、自分たちを超越するものとしての、主家である大名家を創り出して、これにすべての判断を委ねることで、互いの存立を図る構造が構築された。こうした状況は、一五世紀末頃から明確に確認できるようになっている。

これによって家来は、自らの存立に関わる問題であっても、それまでのように独自に解決を図ることができず、すべて主家である大名家の判断に委ねるものとなった。自らの存立に関わる問題、というのは、たいていは所領としている村が引き起こす、隣接村との生産資源をめぐる紛争に由来したものだった。家来は、領主という税金を徴収する立場を維持するため、所領の村が引き起こした紛争に際して、それへの支援が求められた。そのようにして村同士の紛争は、互いの領主同士の戦争へと容易に転化していった。

しかし大名が対外的な戦争を行ううえで、家来同士の抗争が行われていると、大名の戦争そのものが行えなくなる。それは家来の存立にとっても好ましいものではなかった。そのため家来同士の自力解決の自己規制が展開されたと考えられる。しかしそれは、家来にとって、領主としての自力救済の放棄を意味した。家来同士の抗争を禁止するという在り方は、今川氏の「今川仮名目録」や武田氏の「甲州法度之次第」にみられるように、やがて家来同士の私戦そのものを制裁の対象にした喧嘩両成敗法の制定へと展開していくことになる。

ちなみに分国法を制定していない北条氏でも、「理非を論ぜず、喧嘩に及ぶに致すの者は、双方生害古今の掟」（戦北三八一〇）と、「理由を問わず、喧嘩した者については、双方を生害させるのが古今の決まり」であるとしており、同じように処置されていたことが知られている。この喧嘩両成敗法は、江戸時代には「天下の大法」として、人々の共有する慣習法として確立されているが、そうした状況はすでに戦国時代には生まれていたことがうかがわれよう。

こうして戦国大名の家中を単位に、個別領主層同士の戦争は抑止される構造が成立された。このことは同時に、村同士の紛争が領主同士の戦争に転化する回路が切断されたことを意味し、戦国大名の領国内では、領主同士の戦争が抑止され、平和が確保されることを意味した。さらに紛争主体であった村についても、大名の支配をうけ、検地などを通じて、村の境目の決定、すなわち村の領域が決定されることで、村同士による基本的な境相論は抑止されるようになった。村同士の紛争として残るのは、入会《いりあい》山などの相論や用水相論などに限られるようになった。

こうした状況の結果、戦国大名の領国が、平和領域の単位になるという状況が生み出されることになった。そしてそこでの平和は、家来や村について、中世における自力救済のキーワードである「相当」（同量報復）・「兵具」（武装）・「合力」（援軍）の禁止によって形成・維持された。戦国大名は領国内において平和を確立するが、それは内部における自力救済の抑止によって成り立っていた。

国境の展開と「御国」観念の成立

その結果として、戦国時代における戦争は領域権力同士、すなわち「国家」同士のものに基本的に限定されるものとなった。そして戦国大名同士の領国の境目では、互いに通行が規制された。領国の境目に設置された関所などで、人と物の通行について規制が行われた。その具体的な様相については第三章で詳しく取り上げるが、そうした事態は、さながら現代における出入国管理にあたるといってよい。領国の出入りは、決して自由ではなく、そこでは大名によって規制が行われていたのである。ここに、国境の形成をみることができる。

こうした事態は、戦国大名という政治権力が、領域権力として存在したことによって生み出されたものであった。それ以前の政治権力には、そのようなことは行われていなかった。日本列島の歴史上において、はじめて現代に通じるような国境という観念が誕生したのである。その結果、領国の内部に居住する人々は、その大名の領国の住人という観念が生み出されてくることになろう。

さらに戦国時代の後半期になると、領国が数ヶ国規模にわたるような大規模戦国大名同士の戦争が展開されていくようになる。それは戦国大名が、滅亡を覚悟するような深刻な危機感を生み出していった。そのなかで、例えば北条氏では、永禄十二年（一五六九）からの武田氏との戦争のなかで、村に対し、奉公すべき対象として「御国《おくに》」をあげるようになり、「御国」のためになることは、村自身のためでもある、あるいはそうした奉公は「御国」にいる者の務めである、といったような主張をするようになる。

「御国」という言葉は、人々の生活領域にあたる「くに」と、戦国大名の領国とを、一体のものとして表現しようとしたものと考えられる。「御国」のために、という言葉は、「くに」の平和を維持する行為が、同時に、領国、国家、すなわち戦国大名家を維持する行為となることを示すものである。逆にいえば、戦国大名家を維持するための行為を、「くに」の平和維持に繋がるものとして示そうとするものであった。その具体的内容は、第二章で取り上げる臨時の普請役の賦課や、第六章で取り上げる、村に対する徴兵であった。すなわち戦国大名は、自己の滅亡が予測されるような非常事態にあって、領国内の村人を、その防衛戦争に動員するようになってきたのである。

そのための村に対しての説得の論理とされたのが、「御国」の論理であり、その登場は、戦国大名が、村の平和を維持しているのは、自己のお陰によるものとする認識を生み出していたことによっている。それは具体的には、外部勢力との戦争に対処して領国の平和を維持していたこと、あるいは隣接村落との紛争をはじめとした、さまざまな紛争において、平和解決をもたらしていたことによっていた、と考えられる。さらには納税者としての村の存立を維持するために、飢饉や戦争災害に対してさまざまな対策をとって、村の安定的存続である「村の成り立ち」の維持が図られていた。そのあたりのことについては、拙著『戦国大名の危機管理』で詳しく取り上げたところである。

「御国」の論理は、このように戦国大名が「村の成り立ち」について、一定程度担っているという自覚を持つことによって、はじめて登場することができた論理といえる。それは同時に、村が、程度の差や認識の差などはあったであろうが、平和の確保や「成り立ち」の維持において、一定程度、戦国大名に依存していたことの反映とみることができる。実際に、村の側にも、最も安全なのは大名本拠の城下町であり、最も危険なのは紛争地域にあたる領国境目である、とする認識が生まれるようになっていた。

したがってこうした状況は、戦国大名の存立と領国内の「村の成り立ち」が一体化した関係の表現と理解されるであろう。逆に戦国大名は、村がそうした領国防衛のための負担を拒否すると、「いやならば、当方を罷《まか》りさるべきにてすみ候」(戦北三六二八)と、嫌ならば、この領国から退去すればいいと、領国からの追放さえ表明するようになっている。それはあたかも、日本の戦前における「非国民」扱い、あるいは国民をやめて難民になれ、というようなものであろう。

このようにして村は、自らの帰属すべき政治領域として、戦国大名を認識するようになった。このことも列島史上においてはじめての事態となる。社会主体であった村は、それを含む領国と否応なしに、運命共同体的な立場をとらされるようになったのである。それを拒否すれば領国から追放をうけることになるが、村という組織によって生産活動を展開しているのであるから、それは社会主体としての立場を捨てるに等しく、当時においてそれは事実上、死もしくは他者への隷属を意味することになった。こうした戦国大名と村との関係は、現代の私たちが認識する国民国家と国民との関係に相似するところがある。このことから戦国大名の国家は、いわば現在に連なる領域国家の起源にあたる、ということができる。

第一章　戦国大名の家臣団構造

「北条家所領役帳」の世界

この章では、戦国大名の権力構成員であった「家中」の構成と構造について、すなわちいわゆる戦国大名の家臣団の在り方について、取り上げることにしたい。戦国大名の家臣には、どのような存在がどれほどいたのか、あるいはその組織はどのようなものであったのかといった、家臣団の具体的な構造がわかる事例は、実はほとんどないのである。そうしたなか、ある特定の時期におけるものとはいえ、その全貌がほぼわかる事例がある。それが永禄二年（一五五九）に小田原北条氏によって作成された、「北条家所領役帳」（以下、「役帳」と略称）という史料に記載されたものだ。

ちなみにこの史料は、当時の原本が残されているわけではなく、江戸時代の写本が伝えられているにすぎない。そのため誤記や誤写とみられる部分も少なくない。また本来の表題は不明であり、そのため本文一行目をとって「小田原衆所領役帳」とか、内容が江戸時代の大名家における家臣団名簿である「分限帳」に類似するために、「北条分限帳」などと呼びならわされてもきた。しかしそれではこの史料の性格を正しく認識できないため、近年では内容に即して「北条家所領役帳」と呼ばれるようになっている。

これは北条氏三代目当主の氏康が、家臣の太田泰昌らに命じて、家臣らに対する普請役など、

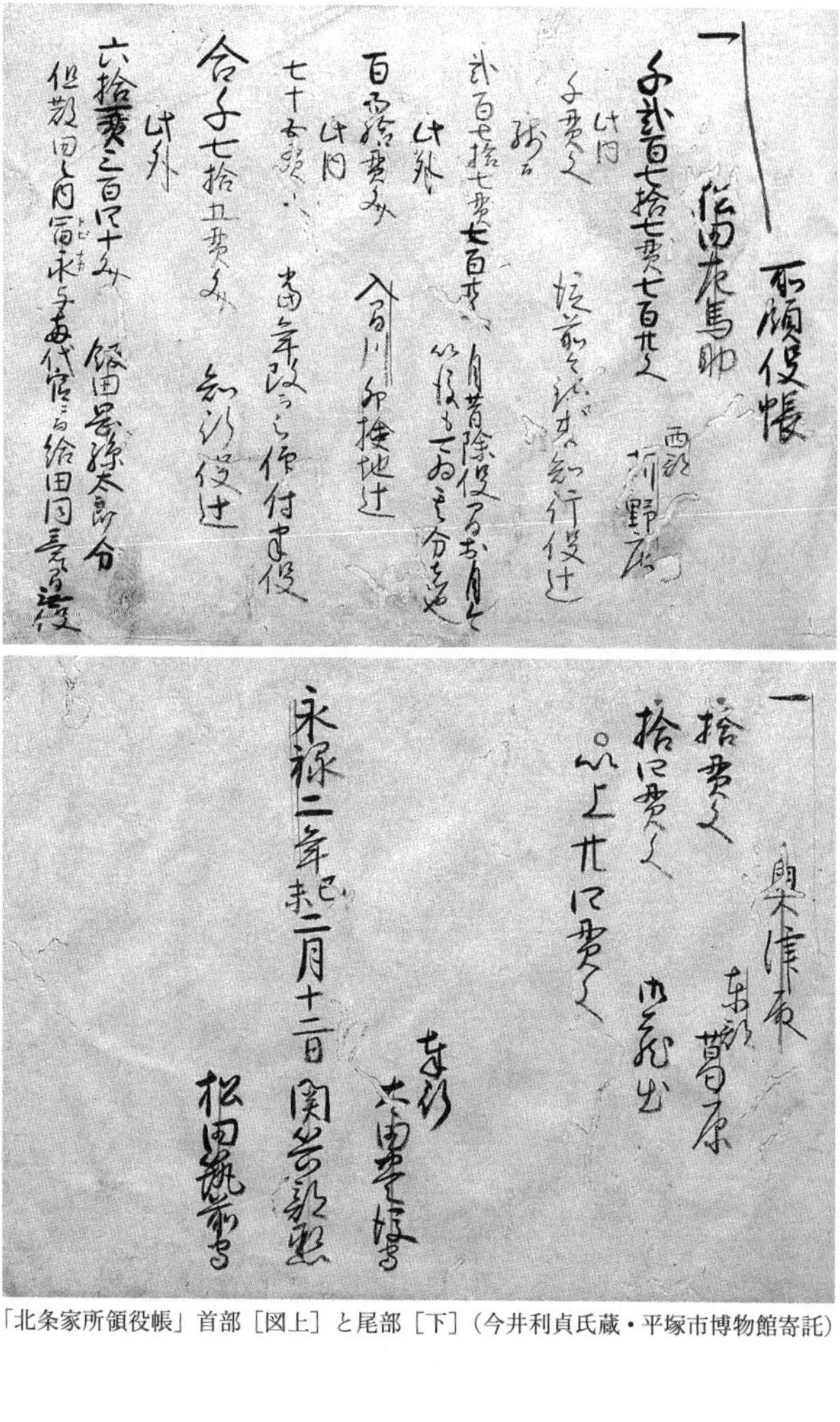

「北条家所領役帳」首部［図上］と尾部［下］（今井利貞氏蔵・平塚市博物館寄託）

家臣の知行《ちぎょう》（所領など）を対象に負担させる知行役についての賦課状況を調査し、その台帳として作成したものである。記載は、いわゆる軍団を単位にまとめられているが、そのうちの御《お》馬廻《うままわり》衆・玉縄衆・客分衆の末尾に、永禄二年二月十二日（本書では旧暦で表わす。以下同）の作成日が記されているから、およそこの日を期して全体が作成されたとみられる。作成にあたった奉行として、太田泰昌・関為清・松田康定の三人の家臣の名が、また筆者として安藤豊前守（法名良整）の名が記されている。

記載は、およそ軍事編成上の単位である衆（軍団）ごとに構成され、そのなかで家臣一人ごとに、その知行地について、その知行貫高と知行が所在する郷村名が列記され、それぞれについての知行役賦課状況が記されている。これによって、永禄二年の時点という限定は付けられるものの、北条氏の家臣一人ひとりが、どこにどれだけの所領を持っていたのか、さらには北条氏の家臣らに対する軍事編成の在り方、賦課した役（公事）の種類など、北条氏の基本的な家臣団統制について知ることができる。こうしたことを知ることができるのは、戦国大名のなかでもこの北条氏のみであるといってよく、そのためこの史料は、北条氏の家臣団構造にとどまらず、戦国大名の家臣団構造を具体的に示す、極めて重要な史料となっている。

個々の家臣の帰属集団を意味する衆編成については、小田原衆・御馬廻衆・玉縄衆・江戸衆・河越衆・松山衆・伊豆衆・津久井衆・諸足軽衆・職人衆・他国衆・社領・寺領・御一家衆・客分衆の一五に分類されている。ただしそのうち最後の二つについては、史料上には明確な記載はなく、内容からそのように分類されているものにあたる。

最初にあがっている小田原衆は、北条氏の本城小田原城に配備された軍団である。次の御馬廻衆は、当主の側近家臣・奉行などから構成される当主の親衛隊である。九番目にあがっている諸足軽衆は、軍事専門の遊撃軍団ともいうべきものにあたる。そしてこの三つの軍団が、いわば当主直属の軍団という性格にあった。

三番目の玉縄衆から、江戸衆・河越衆・松山衆・伊豆衆・津久井衆までは、それぞれ支城《しじょう》に配備された軍団であった。支城とは、領国のなかにおける軍事・行政単位ごとに、支配を管轄する城郭をいう。本城の小田原城に対して支城と称しており、いわば本庁や本店に対しての支庁・支店にあたるものである。そうした行政制度については、第四章で取り上げるものとする。なおそれ以外にも、いまだ独立した軍団としては扱われていないが、御一家衆のなかにみえる本光院殿衆（三浦衆）・小机衆も実質的には同様に支城に配備された軍団である。

職人衆は職人、他国衆は北条氏に従属する外様国衆、社領・寺領は神社・寺院のうちで、北条氏から知行地を与えられているものにあたっている。もっともこれらのうち、職人・寺社は明らかに家臣とはいえない存在である。職人は、その職能を通じて、北条氏に対して奉公関係を結んでいる存在で、そのことをもって職人と括られていた。製品の納入や、技術の提供などを行い、それへの反対給付として、納税すべき税金を免除されたり、さらには知行を与えられた。ここにあげられているのは、そうした職人のなかで知行を与えられている者たちである。寺社についても基本的には同様といえ、祈禱などを通じて北条氏に奉公する関係を結んでいるもののうち、それへの反対給付として、とくに知行を与えられていたものがあげられている。

両者に共通しているのは、奉公の内容が、他の家臣が果たすような軍役ではなく、そうした特別な技能や内容（もっとも一般家臣の場合も武芸といえなくもないが）であったところにある。それと比べると、外様国衆は家臣といえないこともない。外様国衆については第五章で取り上げるので、ここで詳しくは触れないが、北条氏の支配下にありながらも、独立的に領国・家中支配を展開している存在である。その他の家臣というのは、北条氏の家権力の内部に包摂された存在であり、いわゆる譜代家臣にあたっている。

それに対して外様国衆は、あくまでも北条氏の家権力の外部に存在し、自立的に存立していた。その領国に対して、北条氏から安堵《あんど》（領有の保証）をうけるものの、譜代家臣と同様の課税をうけることはなかった。ここにあげられている知行は、彼らの領国の外部、すなわち北条氏の狭義の領国で与えられたものであり、それは北条氏の本拠への参府のための交通費や、人質として送られている者への生活費などのためであった。したがってそれらの知行に対しては、譜代家臣とは異なって知行役を賦課されることはなかった。その意味でいうと、「役帳」登載

「北条家所領役帳」における衆別の人数と知行貫高

順番	衆別	人数	知行貫高	
1	小田原衆(小田原城配属の軍団)	34人	9202	当主直属
2	御馬廻衆(当主の直轄軍団)	93人	8591	当主直属
3	玉縄衆(玉縄城配属の軍団)	18人	4381	支城配属
4	江戸衆(江戸城配属の軍団)	74人	12650	支城配属
5	河越衆(河越城配属の軍団)	22人	4079	支城配属
6	松山衆(松山城配属の軍団)	15人	3300	支城配属
7	伊豆衆(韮山城配属の軍団)	29人	3393	支城配属
8	津久井衆(津久井城配属の軍団)	8人	2238	支城配属
9	諸足軽衆(軍事専門の集団)	16人	2260	当主直属
10	職人衆	26人	903	無役
11	他国衆	28人	3721	無役
12	社領	13社	1103	無役
13	寺領	28寺	1289	無役
14	御一家衆　古河公方足利義氏	1人	395	無役
	御一家衆　久野北条宗哲	1人	5442	
	御一家衆　三浦衆(三崎城配属の軍団)	47人	3861	支城配属
	御一家衆　北条氏堯衆	4人	1383	
	御一家衆　小机衆(小机城配属の軍団)	29人	3438	支城配属
15	客分衆	11人	1050	無役
	計	497人	72679	

の知行は、職人などのそれと同じ性格のものであったといえる。

御一家衆は、北条氏の御一家衆（一門）とその家臣である。もっとも最初に出てくるのは、古河公方足利義氏であり、北条氏にとっては主筋にあたっている。北条氏は領国のなかから義氏に所領を提供しており、その部分があがっている。当然のことながら、他の家臣の知行とは異なって、知行役を賦課されることはなかった。それに続く、北条宗哲（氏康の叔父）・故北条為昌（氏康の弟）衆（三浦衆）・北条氏堯（氏康の弟）衆・北条三郎（宗哲の子、小机衆）までの部分が、本来的な意味での御一家衆にあたっている。いずれも氏康の近親であった。

客分衆は、伊勢氏など京下りの人々にあたっている。伊勢氏は北条氏の実家ともいうべき一族であり、その一族のうちで北条氏を頼って小田原に来住した者があった。他にも、大和氏・小笠原氏など元室町幕府奉公衆や、田村安栖軒など京都・奈良出身の医師などがあがっている。北条氏に文芸や医術などを提供し、それへの反対給付として知行を与えられていたかたちになる。彼らについても、知行役の負担はなかったとみられる。

家臣団の階層構成

「役帳」に登載されている家臣数は、およそ五〇〇人ほどである。そのうち知行役を負担しない職人衆・他国衆・寺社・客分衆を除いた、いわゆる直臣は三九〇人ほどである。また所領高の合計は、全体で約七万二七〇〇貫文で、直臣分では約六万四三〇〇貫文となっている。平均すれば一人あたり約一六五貫文となるが、実際には知行貫高には著しい格差が存在していた。一最高は御一家衆筆頭の北条宗哲の五四四二貫文余で、一人で八パーセント強を占めていた。一〇〇〇貫文以上についても一一人おり、それらで直臣全体の三分の一を占めている。一方で、最低は河越衆山中孫七郎の同心小菅大炊助の三貫文であった。

知行貫高一〇〇貫文以下は二六二人で、直臣の七割弱を占め、さらにみるとそのうち五〇貫文以下は一七六人で、直臣の五割弱を占めている。知行貫高五〇貫文というのは、最高貫高を有した北条宗哲の一〇〇分の一にすぎない。これを田地面積で計算すると、北条氏では田一反を五〇〇文と規定していたから、五〇貫文というのは田では一〇町分にあたっている（一反＝五〇〇文、一町＝五貫文）。この程度は、村の有力百姓、すなわち土豪層の所有地に該当したから、そうした知行貫高五〇貫文以下の層というのは、ほとんどが土豪層であったとみて差しつかえない。そうすると当時の北条氏の直臣のうち、約半数は村の土豪層の出身とみられることになる。

このように同じ直臣とはいいながらも、知行貫高には著しい格差が存在していた。当然のことながら、彼らは決して同格の存在ではなく、家臣は大きくは、寄親《よりおや》という他の家臣を軍事的・政治的に指揮するクラスと、寄親の配下に入って、その軍事・政治指揮をうける同心（いわゆる寄子）・寄子（寄親の被官《ひかん》）、さらには与力（軍事行動の際にその指揮に従う）とに区分される。

例えば、玉縄衆・津久井衆は、それぞれ玉縄城主北条綱成《つなしげ》・津久井城主内藤康行の一門・被官・同心衆によって構成されたものであった。これに対して江戸衆は、江戸城代遠山綱景、城将太田大膳亮《だいぜんのすけ》・富永康景・太田康資の四人の武将の一門・被官・同心衆、与力衆によって構成された軍団で、それぞれを寄親とする私的な軍事集団の集合体であった。そうした状況は他の支城配備の衆についても同様といえ、河越衆は大道寺周勝《かねかつ》・山中内匠助《たくみのすけ》、松山衆は狩野介・太田泰昌・垪和《はが》氏続《うじつぐ》、伊豆衆は笠原綱信・清水康英を寄親としていた。彼ら寄親は、いずれも知行貫高一〇〇〇貫文近くを有した、いわゆる宿老クラスにあたっていた。

すなわち衆は、御一家衆や有力家臣の私的な軍事集団をもとに編成されたものであったといえる。なかでも支城配備の衆は、支城管轄地域を守備する軍事集団であると同時に、領域支配のための行政集団でもあった。北条氏は、中小家臣の多くを御一家衆や有力家臣の同心に編成することによって、軍事・行政両面における一体的な組織編成を行っていたことがわかる。

なお直臣の他に、戦陣の際に参陣する足軽・野伏《のぶし》、当主直属の奉公人（中間《ちゅうげん》・小者《こもの》などと称された）という存在があり、家臣にも被官の他にそうした足軽・奉公人がいた。彼らは広い意味では家中に含めることもできるが、知行を与えられるような存在ではなく、いわゆる雇用という形態がとられていたことから、通常の家中とは明確に区別される存在であった。さらにそのなかでも、名字持ちの者は侍身分、名字なしの者は百姓身分にあった。

寄親寄子制の特徴

寄親と寄子（北条氏では「同心」）は、大名家臣として同輩でありながら、日常的に、軍事・行政にわたって密接な関係に置かれる。すでに触れたように、寄親は、大名権力の中枢に参加する重臣たちによって務められていた。対して寄子は、軍事行動では寄親の指揮に従い、戦功も寄親を通じて大名に上申された。行政においても寄親の指揮のもとで従事した。いわば上司と部下の間柄にあった。

もっとも両者の関係は、単なる上司と部下という関係以上に閉鎖的なものといえ、「親」と「子」の関係に擬せられているように、ある意味では主従の関係にも近いものがあった。そもそも寄子の側では、直接に大名家当主と連絡をとることはできず、大名との関係は必ず寄親によって媒介された。寄子の知行が、寄親に与えられ、それから配分される場合もあった。また寄子が大名に対して何らかの要求、申請を行うという大名への訴訟も、必ず寄親を通じて行われた。

例えば、北条氏の家臣で伊豆江梨郷（静岡県沼津市）に在村していた鈴木氏というのがいたが、宿老大道寺氏の寄子であった。免除になっていた役が江梨に賦課されるということがあり、それについて鈴木氏は、大道寺氏を頼み、大道寺氏から当主に訴訟され、また大道寺氏は他の宿老への働きかけも行っている（戦北四一四五）。

その一方で、勝手に寄親を変更したり、あるいは寄親以外の他者を通じての訴訟は禁止されていた。「今川仮名目録追加」第二条には、次のようにある。

各同心・与力の者、他人をたのみ、内儀と号し、訴訟を申す事、これを停止す、其の謂われは、寄親前々訴訟の筋目を存じ、いわれざる事をば相押さえ、異見を加うるにより、前後知らざる者を頼み、我が道理ばかりを申すにより、無覚悟なる者共、取り次ぐ事多き也、但し寄親道理ただしき上を、贔屓の沙汰をいたし押さえ置くか、又敵方計策か、又は国のため大事にいたりては、密議をもってたよりなき様に申すべきも、苦しからざる也、

《訳》

同心・与力の者は、他人を頼み、内儀と言い訳して、大名に訴訟する事は禁止する。その理由は、寄親は以前から訴訟の条理を認識しており、不当な訴訟を押さえて、異見を加えている。にもかかわらず事情を知らない者を頼んで、勝手な主張をすると、考えのない者がそれを取り次ぐ事が多いからである。但し、寄親が主張が正しいのに贔屓の対応をして訴訟を押さえつけたり、また敵方の計策に関わる事や領国にとっての大事に関しては、内密に取次《とりつぎ》ではない者を通じて訴訟しても構わない。

寄親を経由しない訴訟の横行は、不当な訴訟の横行をもたらすと考えられていたことがわかる。そうしたことを放置しておくと、寄親を通じての軍事・行政の統制を弛緩させ、また寄親と寄子、寄親同士の政治対立を展開させ、ひいては家中内抗争を生じさせることになろう。そのため禁止されていたと考えられる。

ではそうした寄親と寄子の関係は、どのように形成されたのであろうか。相模東郡当麻《たいま》郷(神奈川県相模原市)の土豪・関山隼人は、北条氏に仕えるに際し、宿老の山角《やまかど》氏を取次に頼み、

以後もその関係が継続されていた。それに対して一族の関山藤次郎は、別の宿老の大藤《だいとう》氏を取次に頼み、その寄子になっていた（戦北二九六四・四〇九三）。また武蔵高麗郡平沢村（埼玉県日高市）の土豪・小窪氏は、知行の維持に関して取次を頼んだ宿老の山角定勝の寄子になっている（戦北一〇六七）。

こうした事例からすると、寄親・寄子関係は、最終的には大名の決定によるものの、その前提には、寄子が大名と政治関係を結ぶ際に、寄親となる人物による取次行為があり、それがそのまま寄親を務めるのが通例であったとみることができる。寄親は、先の鈴木氏に対する大道寺氏や、小窪氏に対する山角氏の場合のように、寄子の進退維持に尽力する存在であった。彼らは自らの権益の維持にあたって大道寺氏などを頼んだのである。そうすると寄子が寄親を変更しようとするのは、それまでの寄親が頼りにならず、そのため別の寄親を創出しようとしたものと理解される。

戦国大名には多くの家臣がいたが、大名家当主が日常的に接していたのは、重臣層や側近・奉行層など一部に限られていた。多くの家臣は、そうした重臣たちを通じて、大名との関係を作っていたといってよい。それが寄親寄子制であり、その関係は下位者による上位者に対しての頼み関係からなっていた。そもそも主従関係からして、頼み関係にあたっていたから、戦国大名の権力機構は、幾重にもわたる頼み関係からなっていたといえ、すなわち重層的な頼み構造として理解される。

御恩と奉公

では大名と家臣との主従関係というのは、どのようなものであったのか。その関係は、端的には御恩と奉公の関係になるが、もう少し具体的にいうと、大名は家臣に対して知行や特権を安堵するなどして、その進退の維持を図り、対して家臣は大名に奉公するという、双務的なものであった。

大名が家臣に与える知行には、所領、蔵出《くらだし》、給田《きゅうでん》、役銭《やくせん》付与などの形態があった。所領というのは、下地《したじ》という生産物を生み出す土地を対象にしたもの、蔵出はそれとは異なって下地をともなわない、大名からその分について支給される形態である。給田というのは、土地の上分《じょうぶん》(収穫物)のみを対象にした形態である。役銭付与というのは、村から大名に納められる役銭を与えられるものである。

家臣が大名に対して奉公する内容については、「役帳」では、「人数着倒」(軍役)・「知行役」(普請役)・「出銭《しゅっせん》」に区分されている。いずれも知行貫高を基準に賦課された。軍役は戦陣に際し、動員すべき軍勢数とその武装を規定したものである。普請役は、城郭や道路などの土木工事などに従事する負担である。大きくは、在番地で務める普請役と大普請役(小田原城などを対象にしたもの）といわれるものがあった。そうした普請役というのは、家臣そのものが務めるというよりは、そのための人足（人夫）を供出するものであり、たいていは被官や雇用によって務められた。人数だけでなく従事する日数も規定されていたらしい。出銭は、軍役や普請役を直接務めない時などに、そのかわりとして金銭を負担するものであった。それとは別に、領国あげての一大事業の場合にも臨時に負担した。具体的には、二代氏綱の時の鎌倉鶴岡八幡宮造営の費用や、四代氏政の時の織田信長への使者派遣の費用、五代氏直の時の北条氏規（氏政の弟）・同氏政の上洛費用の場合があった。

それらの奉公は、知行を与えられていることに対しての義務であったから、それを怠った場合、大名はその家臣に対して知行を削減したり、さらには改易の処分を行った。例えば甲斐武田氏の御一門衆穴山武田信君《のぶただ》の場合では、不参陣の被官に対して知行を没収し、それだけでなく妻子とともに領国から追放処分としている。これはかなり厳しい処分といえるが、過去に二回不参陣があり、その都度「召し返し」（一旦、家中から追放したが再び家中に加える）ていたが、ついに三度目となったので、このような厳しい処置がとられたようである（戦武三九〇九）。また参陣に遅参した場合にも、知行を没収することがあった（戦武三五九九）。

このように、家臣は知行を与えられていたとしても、それにともなう奉公を欠いた場合には、簡単に知行を取り上げられ、結果として没落してしまうことが往々にしてありえたことがうかがわれる。また同じようなこととして、知行の子孫への相続は決して前提的なことになっていたのではなかった。子孫への相続が果たされるためには、生前に後継者などへの譲与について大名から許可をうけておくことが必要であった。これは大名から、後継者について承認をうけることでもあった。

家臣は戦陣に赴くのを仕事としていたから、そこで戦死する場合も多かった。後継者がすでに成人していた場合は問題ないが、事前に後継者の承認をうけていたとしても、いまだ元服前の幼少の場合、「討死幷忠節人」の知行については「陣代《じんだい》」が立てられた（戦武二五五五）。元服前では軍役奉公ができないため、かわりに参陣する代官が立てられた。そうした存在を「陣代」と称している。叔父や被官の宿老などがそれにあたることが多かった。そうして成人した後に、自ら参陣することになる。

この場合は戦死という忠功をあげたり、あるいは特筆される忠節を尽くしていた場合（重臣や側近・奉行など）に対しての恩典といえ、そうではない戦死以外の不慮の死を遂げた場合は、没収されるのが原則であったことがうかがわれる。では後継者が公認されていない場合はどうであったろうか。その場合には、死後に親類・被官から大名に対して、後継者について申請があり、大名はそれをもとに裁定した。後継者の指定には、親類・被官の合意が重要であったことがわかる。そしてこの場合も「討死幷忠節人」の場合は相続者が立てられたが、そうでない場合は没収された。

こうしたことからすると、子孫への相続が認められるためには、戦死や特筆される忠節をあげていることが要件であったことがわかり、そのハードルは結構高かったといえるであろう。家臣は軍役などの負担を果たすのが義務であったから、その義務を充分に果たせない場合には、その知行は没収され、義務を果たす能力のあるものに与えられるのであった。そうすることによって家臣の負担能力の維持が図られていたといえるであろう。

家臣化する百姓

また同じ直臣とはいいながらも、その奉公の形態には大きく二つの在り方があった。一つは、当主の側近くにあって「常之奉公」をするもの、もう一つは、戦陣の際にだけ軍役を負担する、というものであった。前者はいわば常勤職員にあたり、後者は非常勤職員のようなものにあったといえるであろう。前者のような存在が、一般的な家臣の在り方としてとらえやすいものといえるが、戦国大名の家臣を特徴付けているのは、実は後者のような存在であった。

彼らは、年貢負担の代替として軍役を負担するもので、それにともない年貢負担地を知行として認定された存在であった。先に触れた「給田」はそうした場合にあたっている。したがって基本的な属性は「百姓」であったといえ、通常は本拠地に所在し、家臣という立場は一時的な兼業のようなものであった。すなわちこうした存在は在地の土豪層にあたり、家臣としての性格については、いわゆる常勤の家臣と区別するために、在村被官といっている。

北条氏の場合では、およそ知行五〇貫文以下の者がこれにあたっていたとみることができる。先に触れたように、この五〇貫文以下の層は直臣の約半数を占めており、その知行地は、田地でいうと一〇町分にあたる（一反＝五〇〇文、一町＝五貫文）。北条氏では「一騎合衆《いっきあい》」と称しているものが、こうした存在にあたっている。家臣当人が馬上の一騎侍として、それに歩兵の従者一人を連れて出陣する存在である。

彼らは本来、年貢を負担していたのであるが、北条氏に家臣化し、軍役などの知行役を負担する代替として、年貢負担地を知行として認められたかたちになる。その際、知行化されたのが年貢負担地すべての場合もあれば、そうでない場合もあるなど、さまざまであった。また居住村の領主に対しては、年貢以外にも目的税にあたる公事を負担していたが、その公事負担については大名家臣化した後においても、存続する場合がほとんどであった。

武蔵岩付領八林《やつばやし》村（埼玉県川島町）の土豪・道祖土《さいど》氏は、享禄三年（一五三〇）以前に、国衆の岩付太田氏に被官化し、屋敷分と田地あわせて二九貫文を知行として認められている。屋敷分というのは、文字通り居住屋敷であり、田地は年貢を負担していた地にあたる。しかし免除されたのは年貢のみであり、領主に対して負担していた公事については、その後における負担が義務付けられていた。こうした存在はどの戦国大名・国衆にもみられ、しかも同じように家臣のなかの多くを占めていた。甲斐武田氏では「軍役衆」、今川氏では「名主《みょうしゅ》」「名職《みょうしき》」などがこれらにあたっている。

それでは彼ら在村被官は、どのような経緯で戦国大名や国衆の家臣になったのであろうか。上野甘楽《かんら》郡南牧《なんもく》村（群馬県南牧村）の高橋氏は、「無足」（知行を与えられていない状態）で国衆の国峰小幡氏への軍役奉公を続けていた末に、年貢負担地の一部を知行として認められるようになった。また武蔵由井領（のち八王子領）三沢郷（日野市）の土方氏ら「十騎衆」は、城主大石（北条）氏照（氏政の弟）から「無足」の奉公への代償として、同郷そのものを知行化されている（戦北八二二）。

このように土豪層の戦国大名・国衆への家臣化は、大名・国衆側からの軍事動員に応じることに始まり、戦功をあげて年貢負担地を知行化されることで成立するものであったことがわかる。それではどうして彼らは大名・国衆からの軍事動員に応じたのであろうか。詳しくは第六章で取り上げるが、大名・国衆は、領国の防衛戦争に際して、領国の村々に対して軍事動員をかけていた。その代償として公事などの減免を行っていた（戦北七一八など）。その時、具体的に出陣に応じたのが、村のなかでも武力担当の役割を負う侍身分にあった土豪層であった。そしてそのなかで戦功をあげた場合に、それへの功賞として知行が与えられ、それによって家臣化したのである（戦北一三六六など）。

家臣化すると、村内では、村役という、村の百姓が村に対して負担する税金や夫役《ぶやく》などが免除された。また身分的にも、「御給人」などと称されて、百姓とは区別されるようになるなど、村内での政治的優位が確立されることになる。しかし、必ずしもよい側面ばかりではなかった。家臣化するとその知行に対応した奉公が義務付けられるが、軍役はどんな遠方でも出陣を命じられれば務めなければならなかった。家臣化した当初の軍役は、居住地域やその周辺におけるものであったが、主家の領国が拡大していくと、まったく縁のない地域への出陣も行わなければならなくなる。しかも参陣費用は自弁であったから（その費用捻出のために知行が与えられていた）、金銭的負担は増すばかりであった。

そうして不参陣などが生じるのであるが、そのような奉公怠慢があると、先にみたように簡単に改易された。当然のことながらその知行は、本来の所有地であったとしても取り上げられ、別人に与えられてしまうことになる。厳しい処分の場合には、家族もろとも領国から追放されることもあった。これらは土豪層であったとしても、没落をもたらすことになる。さらに敵方の大名との戦争の結果として、主家がその地域を奪われてしまったり、滅亡したりした場合には、その知行は闕所《けっしょ》扱いになり、やはり取り上げられ、領国から追放された。

そうすると大名・国衆への家臣化というのは、それによって村内では優位を確立することができるものの、他方において没落の危険と表裏のものであったことがわかる。そのためその後、土豪側の代替わりを機に大名・国衆との被官関係を解消したり、知行を「上表」（返却）して、年貢負担地に戻すということも決して珍しいことではなかった。こうした存在が生み出されたのは、まさに戦国時代という、戦争の恒常化が背景にあったといえる。

在村被官をめぐる矛盾

在村被官は、すでに述べてきたように、本来は「百姓」という存在であり、そのため居住村において知行地化されていない年貢負担地からは、依然として領主である「地頭」に年貢を負担し続け、また公事の負担を続けていた。そのためその村を所領として与えられている大名家臣（地頭・給人）にとってみれば、自身に年貢・公事を納入する存在でありながら、大名家臣としては同輩にあたるということで、かなり厄介な存在となった。

「地頭」は、自己の所領については独自に支配するが、その過程で年貢・公事の収納などをめぐり、しばしば大名直臣の在村被官との間で衝突が生じた。この問題には、戦国大名は一様に頭を悩ませていたらしく、武田氏にしろ今川氏にしろ、この問題への対処法を、いずれも分国法の筆頭に持ってきていることからもうかがわれる。

まず武田氏の「甲州法度之次第」第一条をみてみよう。大意は以下のようである。地頭であっても、「晴信被官」すなわち軍役衆をはじめとする武田氏の被官・奉公人が犯罪を犯した場合は、地頭が検断（逮捕・処罰・財産没収）するのではなく、それは武田氏が行う。検断の結果として収公した「年貢地」のうち田畠（「名田《みょうでん》」と称された）については、武田氏から別人に与え、同所からの年貢・諸役は地頭に納入させる。武田氏が与えた「恩地」については、そもそも武田氏の領有地であったから、地頭の関与する内容ではない。検断の対象となる犯科人の在家・妻子・資材については、武田氏の「職」（検断職《けんだんしき》、いわゆる「両職」）が没収する、とある。

ここでは在村被官の処罰は、大名家が行い、地頭には権限のないことが規定されている。この武田氏の場合では、軍役衆といって、地頭に年貢・公事を負担し続ける一方、武田氏に直属被官化した存在があり、その所有地については「名田」と括られて、百姓の所有地とは区別されていたことがわかる。同第六条もこの問題に関わるもので、そこでは、地頭が軍役衆の「名田」を没収することは原則として禁止するが、過度に年貢等の未進《みしん》（滞納）があり、それが二年続いたら、没収を認める、との規定がある。地頭が在村被官の知行を没収することができるのは、在村被官の側が二年に及んで年貢負担を怠慢した場合に限定されていたことがわかる。

次に今川氏の「今川仮名目録」第一条をみてみよう。これは戦国大名研究のなかでも、極めて著名な条文となっているが、実はその解釈については、これまで必ずしも充分には行われていないといっていい。

譜代の名田、地頭意趣無きに取り放つ事、これを停止し畢、但し年貢無沙汰においては、是非に及ばざる也、兼て又彼の名田年貢を相増すべきよし、のぞむ人あらば、本百姓に、のぞみのごとく相増すべきかのよし尋ぬる上、其の儀無くんば、年貢増すに付いて、取り放つべき也、但し地頭本名主を取かえんため、新名主をかたらい、相増すべきのよし虚言を構えば、地頭においては、かの所領を没収すべし、新名主に至りては、罪科に処すべき也、

《訳》

譜代の「名田」について、地頭が正当な理由なしで没収する事は禁止する。但し年貢を未納している場合は没収してもよい。あらかじめ名田の年貢を増やすことを希望する者がいれば、本《もと》の「百姓」にその希望のように増加させるかを尋ね、それができないのであれば、年貢増加を理由に没収してもよい。但し地頭が本の「名主」を交替させたいために、新しい「名主」と示し合わせて、増加すると申上したことが虚偽であった場合には、地頭については その所領を没収し、新名主については罪科にかける。

これまでの研究では、ここに出てくる「名主」について、暗黙裏に莊園制下の名主と同一ととらえてきた。しかし今川領国における「名主」「名職」は在村軍役衆ととるのが妥当であり、し

大名・地頭・在村被官の関係模式図

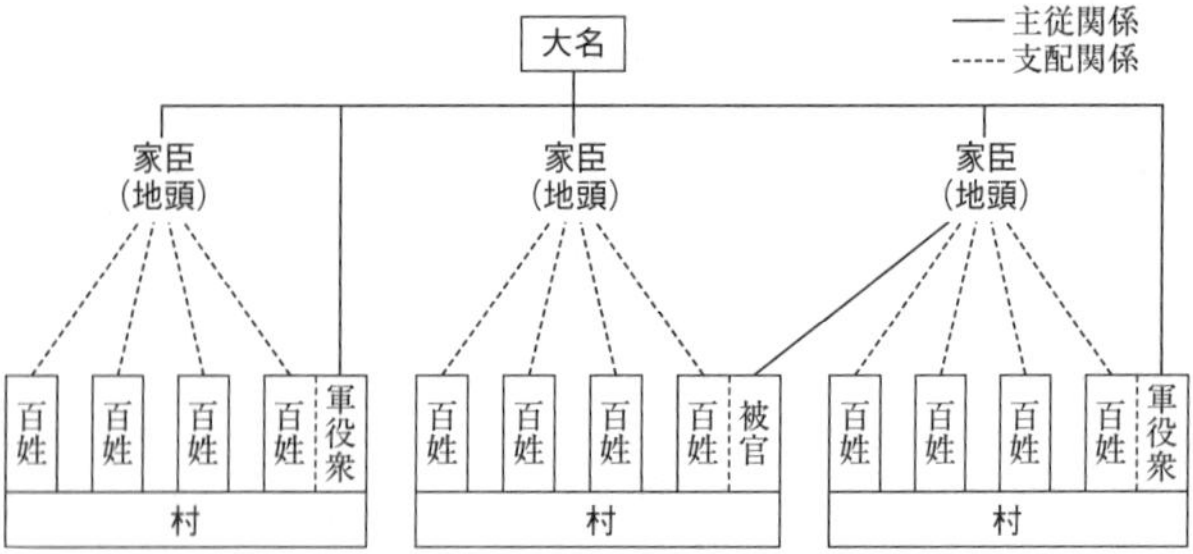

たがって「名田」はその知行地・所有地と理解するのが適当である。そのため本条文の「名主」「名田」も、武田氏の場合と同様に理解される。そうすると今川氏・武田氏はともに、同じ問題を第一条に置いていることになる。これは武田氏が分国法を制定する際、今川氏のそれを参考にしているということからみて、条文の配列という点からも整合的に理解できることになる。

この条文において今川氏は、今川氏直臣の軍役衆の所有地を地頭が進止（ここでは没収など）してはいけない、しかし年貢未進があれば仕方ない。名田からの年貢について増額納入して（軍役衆化を）希望する百姓がいる場合、現在の軍役衆に納入年貢を増加するかを確認し、その意向がない場合には、それを改易して新たな「名主」（新軍役衆）にその名田を与えてもよい、と規定している。今川氏は、年貢未進だけでなく、納入年貢の増額に応じない場合にも、地頭による名田の没収、別人への付与を認めていた。

名田についてはたいていの場合、大名や地頭による検地に対して、検地免除や増分《ぞうぶん》指し置きの特権が認められていた。検地免除というのは、知行分につい て検地されることそのものを免除されるもので、増分指し置きというのは、検地されたとして も、その際に耕地面積の増加などがあって、本来ならば年貢負担が増加されるような場合であ っても、増分（高が増えた分）について、大名や地頭の領有とするのではなく、軍役衆に新恩 として与えられたり、あるいは年貢負担の対象から除外されることをいう。

このようにして軍役衆の名田では、地頭へ納める必要のない、いわば無税分が存在した。こ の条文からは、それをめぐって軍役衆と地頭との間で紛争が頻発していた状況がうかがわれよ う。そしてそれに関して今川氏は、無税分について年貢納入を果たそうとする百姓がいれば、 それと軍役衆を交替させてよいと規定しているのである。今川氏にとっては、地頭検地などを 契機にして「名田」の高が増加すれば、今川氏に対して果たされる軍役も増加することになり、 それは納入年貢の増加がもたらされる地頭とも、利害が一致することになる。おそらく今川氏 は、何よりも軍役負担の増加を求めていたとみられる。

地頭と在村被官との間には、こうした利害対立は不可避であった。しかしそれは、在村被官 という存在が生み出される限り、なくなることはなかった。在村被官は、戦場地域での大名・ 国衆による村への軍役賦課を契機にして生み出されていたから、戦争が続く限り、生み出され るものであったからである。

被官化をめぐる矛盾

そもそも大名の家臣は、知行からの収益をもとにした独自の財政でもって、大名への奉公を行っていた。所領支配においては、村からの年貢の収取《しゅうしゅ》（租税を収め取ること）も独自の裁量によって行われた。また公事の賦課も行われた。公事のなかで重要なものが普請役、陣夫役など戦争関係の労働力の徴発であった。その他、家臣の日常生活を支えるための、さまざまな物資の徴発も行われた。

前記の地頭と在村被官の矛盾も、そうした状況に基づいていた。さらにこうした状況は、他の家臣の被官についても当てはまるものであった。すなわち地頭にとっては、自己の所領の百姓のなかに、自分とは同僚にあたる他の大名家臣に被官化している者もいたのである。主従関係にあるものについては、まず主人の権利が優先されるため、たとえ所領に居住する存在であったとしても、地頭とはいえ勝手に処分することはできなかった。仮に年貢・公事負担に怠慢があったとして、処分しようとすれば、その主人たる同僚との間で対立が生じることは避けられなかった。

そうした事態が生じると、家臣同士の対立が生じることになるため、大名はその抑止を図って、百姓に対しては、当該の地頭以外に被官化することを禁止していた（戦北三九一など）。百姓が被官化する場合には、大名・国衆という領国の支配者か、当該の地頭に限定し、地頭ではない他所の家臣への被官化を抑制していたのである。しかし実際のところは、当該の地頭以外の家臣への被官化がなくなることはなく、したがって実態としては、そうした規定は貫徹されなかった。

同時に百姓の被官化は、村の百姓不足をもたらした。被官化した百姓は、それにともなって村役を免除されたからである。さらに主人に近仕するために、村から出てしまうことも珍しいことではなかった。村に対しては、戦国大名・国衆や地頭から、さまざまな負担が課されたが、とくに重要事であったのは普請役・陣夫役といった夫役の負担であった。それらは百姓が務めたからである。しかし、被官化した百姓は、主人に従って参陣したり、主人に割り当てられた夫役などを務めたから、そうした村の負担を割り当てられることはなかった。そのため村では、残された百姓でもってそれらの負担を果たすのであるが、被官化した百姓の数が増えれば、それだけ残りの百姓にしわ寄せがいくことになった。

それはすなわち「村の成り立ち」を危機に陥れるものとなった。それでは村はもちろん、それを支配基盤としている大名も、必要な夫役を確保できなくなって困ることになるため、大名はそうした状況の打開を図ることになる。その結果として、大名は村の百姓に対して、被官化しないよう働きかけていくのである。北条氏の場合に実に興味深い事例がある。戦国時代も終盤にさしかかった天正元年（一五七三）、伊豆西浦五ヶ村（静岡県沼津市）の代官安藤良整は、退《たい》転《てん》（百姓不足）状態にあると報じられてきた村に対し、「世間が落ち着いたら、馬上の侍も草履取りになってしまうのだから、百姓のままのほうがいい」と説得している（戦北一六六六）。

これは村の過疎化対策としての「百姓意識」の教化と理解することができる。こうした「百姓意識」というのは、本来は、百姓不足に陥っていた村が、その振興のために、自ら生み出した論理と理解される（「本福寺跡書」）。ここにおける大名側の発言は、それを踏まえたものととらえられ、村側の論理に基づいて、村に対して教化にあたったかたちになろう。同時に、侍は戦争があるから存在しうるのであり、戦争がなくなれば侍の需要もなくなると、大名が認識していたこともうかがわれる。

まだ戦国時代の最中において、戦国大名がこうした認識を持っていたことは非常に興味深い。そしてここからは、百姓の被官化は、そうした戦争の存続によるものであることも、大名は認識していたことになる。百姓の被官化、すなわち在村被官の存在は、戦争が続くなかで、戦国大名・国衆やその家臣たちが、何よりも軍事力を確保しようとすることによって生み出されるものであった。したがって戦争が続く限り、この構造は変わることはなかった。この構造が変化するのは、まさに戦争がなくなる江戸時代になってからのこととなる。

第二章　戦国大名の税制

大名の課税と領主の課税

この章では、戦国大名が支配基盤としていた村（郷・庄・名などと称される場合もある）に対して課していた、さまざまな税金の内容や、その賦課・徴収の実態について、具体的に取り上げることにしたい。これによって、戦国大名が村に対してどのような支配を行っていたのか、具体的にうかがうことができるものとなろう。そうした場合、やはりその事例として最も適切なのは北条氏である。北条氏こそ、そうした村支配の有り様が最もよくわかる大名なのである。

北条氏において、村支配の内容がよくわかるのは、北条氏が村宛に出した文書が比較的多く残されているからである。なかでも重要な史料となるのは、「配符《はいふ》」と称された納税通知書の存在である。これによって税額や賦課・徴収の仕組みなどについて重要な手懸かりが得られるからである。もちろん北条氏の場合でも、そうした配符が残されている村は数える程度でしかない。しかし少ないながらも、いくつかの村においてある程度まとまって残されていることによって、それらの解明が可能になっている。

他の戦国大名の場合、こうした村に対する税制についての解明がすすんでいないのは、そのような村宛の文書が充分に残されていないからである。逆にいえば北条氏の場合は、そうした文書がたまたま多く残されていることになる。その理由についてはいくつかあろうが、最も大きなこととしては、村への配符を受け取った当時の村の代表者（名主《なぬし》など）の家が、北条氏が滅亡した後においても、そのまま村の有力者として存続したことがあげられる。村とその文書を管理する有力者が、北条氏の時代から江戸時代になっても変わらず存在し続けたため、それらの文書が失われることなく伝来されたからである。配符のようなものは、現在でもいえることだが、その場限りの文書であるため、用が済めば廃棄されてしまう。それが所有者の家の存続によって、たまたま廃棄を免れたものが伝来されたのである。

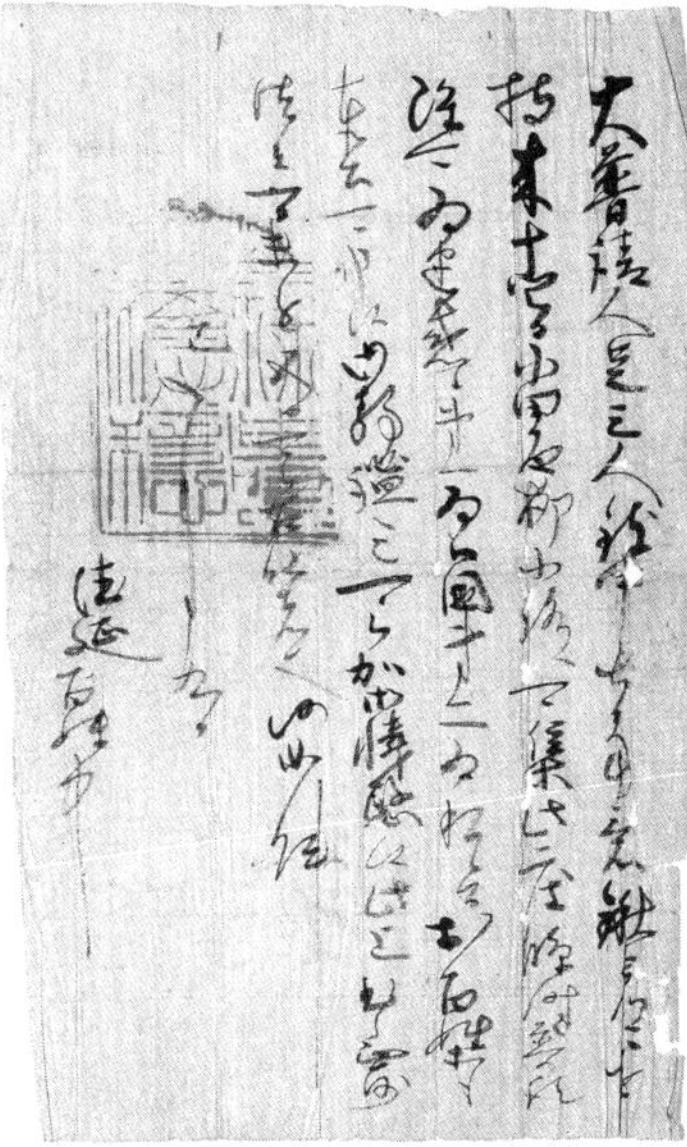

永禄12年８月９日付北条家朱印状《配符》
（個人蔵、小田原城天守閣寄託、武井文書）

そして次には、その伝来された文書が、江戸時代に江戸幕府によって記録されたことがあげられる。北条氏の本国であった相模・武蔵については、江戸幕府による史料調査とその編纂《へんさん》が行われており、それらの結果として「相州文書」「武州文書」「諸州古文書」などの地域別・家別古文書集が作成され、また

「新編相模国風土記稿」「新編武蔵国風土記」などの地誌編纂のなかで古文書の収録が行われた。それらに収録されている北条氏の文書のうち、現在まで伝来されているのは半数にも満たないことからすると、それらの史料集編纂が、北条氏の研究にとって、さらには戦国大名研究全体にとっても、極めて重要な役割を果たしたということができる。歴史研究は史料を基礎として行われるが、その史料は消失を免れた一部のものでしかない。それゆえにこそ、後世の歴史研究のために、現在残されている史料の調査、その集成が重要な作業となるといえよう。

ここではそうした納税者である村に対して出された支配文書をもとに、戦国大名による村支配の有り様についてみていくのであるが、村に対する課税には、戦国大名からのものと、大名から所領として与えられた家臣（領主）からのものの、二系統があった。課税されるもののうち、年貢は所領の領主から課され、目的税にあたる公事（諸役）は大名・領主の双方から課された。

領主支配の基本単位となっていたのが所領であるが、年貢の納入先に応じてその性格が区分された。すなわち、大名に年貢が納入されるものを直轄領（御料所）、大名から所領として与えられた家臣に年貢が納入されるものを給人領（私領）、同様に大名から所領として与えられた寺社に年貢が納入されるものを寺社領、と区分された。

ただし所領の形態はさまざまであった。一郷・一村がまるごと所領となることもあれば、一村の一部が所領となる場合も多かった。その場合には、一つの村に対して複数の領主がいるかたちになった。こうした複数の家臣の所領が設定されている村を相給村《あいきゅうそん》という。大名・家臣・寺社は、それぞれ独自の裁量によって所領を支配した。所領は複数を有している場合が多かったから、多くは代官を任命して、支配を代行させるが、その際に代官が独自に収取できる徳分や公事賦課なども認められていた。これらも領主支配の一部をなしていた。

それとは別に大名は、領国内すべての村を対象にした公事を賦課した。こうした公事について「国役《くにやく》」「公方役《くぼうやく》」などといっている。したがって大名領国では、大名賦課の「国役」公事と、個々の領主賦課の公事という、二重の公事賦課があった。その内容は普請役・陣夫役など重なるものが多く、そのためにわかに区別はつけがたい場合があり、そうした際には賦課者の立場からいずれの公事にあたるか判断されることになる。北条氏については、それら公事賦課の体系についての解明がすすんだことで、そのような区別が可能となっている。これに対してその他の大名については、まだまだ不充分な状況が続いているのが現状であり、そのため村支配の状況もよくわかっていないのである。

また村に対して大名が直接に「国役」を賦課する範囲は、実は領国全体ではなかった。これは大名の行政機構に関わるものとなり、詳しくは第四章で取り上げるが、北条氏の場合、大きくは、北条氏がそうした「国役」を直接賦課する領域と、そうではないその権限を委任された一門が管轄する領域とに区分される。私は前者については、当主の直接支配領域として、これを「本国」と把握しており、後者については独立的な一門支城領と把握している。この「国役」を賦課していることこそが、個別領主とは異なる戦国大名の特質を示すものとなる。

戦国大名検地の性格

戦国大名は村に対して、さまざまな租税を課したが、それらは制限なく課されるのではなく、いずれについても基本的に数量が決まっていた。その基準は、村の耕地面積をもとにした村高、村のなかの屋敷数にあたる棟別《むなべつ》（家数《いえかず》）に置かれており、それを確定する政策が、前者では検地（地検・検注）、後者では棟別改《むなべつあらため》（家数改）などといった。大名によっては、いずれが税制の基本となるか異なる場合もあった。例えば北条氏の場合は、前者の村高を対象にした税制が基本になっていたのに対し、武田氏の場合は、後者の棟別を対象にした税制が基本になっていた。

戦国大名の検地については、長らく研究の主要テーマに位置していた。そこでは室町時代の領主検注や織豊・幕藩権力の検地との異同、とくに「本年貢」（規定の年貢）に加えて「加地子《かじし》」（剰余分）把握を行いえたかどうか、といった点が主要な関心になっていた。それはこの問題が、戦国大名を中世的な権力とみるか、近世的な権力とみるかにあたっての、その重要な指標と認識されていたからであった。そうした考え方の根底には、検地は個々の百姓の土地所有権を決定するものとの考え方があった。「加地子」を剰余分と認識していたこともそれに関連していた。

しかしその後、村についての研究が進展したことで、大名・領主による個々の百姓支配は成り立たないことが明確になり、そのため検地の内容や意義についても、村との関係から評価する必要が生じてきている。検地の方法について、具体的に判明しているのは、数ある戦国大名のなかでも北条氏が唯一といってよい。北条氏では、領国一律に田一反（三六〇歩）につき五〇〇文、畠一反につきその三分の一の一六五文（夏成り一〇〇文・秋成り六五文）という、貫高換算のための基準数値を設けており、それを田畠面積に乗じて、村への課税基準高としての村高（「高辻」）を算出していた。したがって北条氏の場合、村高の増減は、田畠面積の増減に連動していたことになる。こうした方法では、「本年貢」に加えて「加地子」を吸収したかどうかという論点そのものが不必要になる。

これに対して武田氏・今川氏では、田畠について、上・中・下などの等級が設けられ、それぞれ基準数値が異なっていた。基準数値には多少の幅がみられ、領国全域にわたる統一基準があるわけではなかったが、結局はこの場合も、田畠面積と基準数値によって村高（武田氏では「上司」）が算出されるという方式は一致している。そもそも「加地子」を剰余分と理解してきたのは、「本年貢」と区別されるものであったことからの推測でしかなく、今川氏の事例をもとにすると、免税分と理解するのが妥当である（戦今二四一七）。

後に詳しく触れるが、村高はそのままで年貢高になるのではなく、さまざまな控除分（「引方《ひきかた》」）が設定され、それを差し引いた残りの分が実際の年貢高（「定納高《じょうのうだか》」）になった。そうした控除分のなかに、年貢免除の部分もあり、そうしたものが「加地子」と称されたのであるから、これは年貢賦課対象であるが免税されている分、と理解される。豊臣大名（豊臣政権期の大名）検地がそうした「加地子」を村高に組み込んだように理解されてきたのは、実は「加地子」として認められなくなった結果にすぎない。「加地子」の認定は、何らかの奉公にともなう恩典のようなものであったから、それが大名が替わったことによって白紙に戻されたにすぎなかったのである。

検地は村ごとに行われ、村内の耕地について、賦課単位ごとに田と畠に区分し（その際、畠と屋敷についても区分）、面積を算出し、それに基準数値を乗じた高、その分の年貢負担を担当する者（名請人《なうけにん》）を確定するという内容であった。しかし、賦課単位となっている耕地は、必ずしも現実の一片の耕地とは考えられない場合があるから、現実の耕地とどのような関係にあったのかは明らかではない。ただそれぞれに年貢負担者が確定されていることからすると、結局は村内での年貢負担の担当者とその額の確定作業であったことは間違いない。

こうしたことからも、検地が個々の百姓の土地所有権を決定するものではなかったことがわかるだろう。個々の百姓の所有地は、むしろ村によって決定されていたからである。この点に関わることとして、いわゆる「太閤検地」によって、「中間得分《ちゅうかんとくぶん》の否定」「一地一作人の制」が成立した、といわれることが多いが、検地は個々の百姓の土地所有権を決定するのではないのだから、これらの説も当然ながら成り立たない。

しかも検地は、毎年行われるのではなかった。新たに征服した場合、飢饉や戦争災害がひどかった場合、大名の代替わりの場合など、何らかの特別な理由のある場合に限られていた。したがって検地によって算出された村高、そこから決定された年貢高が、実際の生産高と必ずしも一致していなかったことは当然である。そうすると戦国大名の検地は、村に対して課税基準となる村高を決定し、年貢・公事の課税額や、その負担を担当する百姓を確定する政策であったと理解されるであろう。しかしこうした性格は実は、室町時代までにおける領主検注や、織豊・幕藩権力による検地と、本質的には変わらないものであった。むしろ異なるのは、領主と村との関係の在り方にあったというべきであろう。それが検地の性格を異なるもののようにみせているにすぎない。

そしてまた、村を対象にするということは、その村の領域を画定することでもあった。室町時代まで頻繁にみられた、耕地の帰属をめぐる村同士の抗争が、戦国時代になるとあまりみられなくなるのも、検地にともなって、村の領域が大名によって画定されたからと考えられる。

これこそ室町時代までの領主と村の関係との顕著な相違といえ、この在り方は以降の織豊・幕藩権力にも継承されていった。

もう一つの特徴は、検地によって算出された村高が、大名が家臣に所領として与えた場合に、その所領高としても機能したことである。これによって村高と所領高とが、統一的な基準によって表示され、互いに連動するものとされた。そしてこれは家臣に対する統一的な基準による役賦課をもたらすことになり、すなわち統一的な知行（所領支配）の体系をも生み出すことになった。

北条氏の検地と棟別改

では北条氏の事例をもとに、検地と棟別改の内容について、さらに詳しくみていくことにしよう。検地によって算出された村高は、北条氏では貫高で表示された。貫高は銭の単位である貫文による表示であり、いわばさまざまな社会的富を統一的に表示する基準数値であった。その他にも地域によっては、石高（穀物の計量単位）・蒔高（種籾の蒔き量）・苅高（作物の収穫量）などの表示方法もあった。ちなみに通説では石高は生産高であり、そのためあくまでも基準数値でしかない貫高とは性格が異なると扱われることがあるが、それは誤りである。近世の石高も年貢賦課基準高でしかなかったことが明らかにされている。

検地は、村ごとに、耕地の賦課単位（一つ書き〔箇条書き〕で列記されたから、一筆という）ごとに田・畠の別、面積、名請人を確定した。そして田・畠ごとに面積を集計し、それぞれに基準数値を乗じて、合計の貫高（分銭）、すなわち村高が算出された。耕地には、作物の出来が良い悪いという質の差があったが、一律の基準数値の適用は、そうした差を捨象していることになる。したがってそれらの基準数値は一種の平均値ということができる。なお北条氏の場合でも、村によって基準数値が異なる事例も知られているが、村ごとでは統一されている。そしてこれらを集成したものが検地帳と称される帳面である。北条氏の場合、この帳面は大名など検地を施行した側が所持し、村には与えられなかった。

また通説では、戦国大名の検地は、村からの申告による「指出《さしだし》検地」で、これに対していわゆる「太閤検地」以降の検地は、耕地の実測検地として区分されることが多いが、これも正確ではない。北条氏の検地に関しても「一々致検地」「田畠踏立辻《ふみたてつじ》」などの文言がみられ、単なる指出ではないことがわかる。検地の際にはそれを担当する検地奉行が派遣されるが、村の案内をうけて実測していたと思われる。ただ実測とはいっても、「太閤検地」以降の検地が多く検地竿による測量であったのに対し、「踏立」などとあるから、歩測であったとみられる。したがってそれは測量方法の違いということになろう。

検地は、大名である北条氏が行っている事例がほとんどである。そのため北条領国においては、検地は大名北条氏が行うものと理解されている。私もこれまではそのように考えてきた。ところが事例をよくみてみると、宿老の遠山氏と大道寺氏が検地を行っている事例が確認される。具体的には遠山氏領の相模西郡松田郷惣領分（神奈川県松田町）、大道寺氏領の相模西郡斑目郷（神奈川県南足柄市）と武蔵河越石田本郷（埼玉県川越市）などである（戦北一五・一三六九・一六〇七）。このことからすると、北条氏の一門や宿老については、独自の検地が認められていたと考えられる。

さらにその他の家臣についても、所領に対して検地を認められていたことがうかがわれる。ただしその場合は、まったく独自の検地を認められていたわけではなかったようである。一般の家臣が、所領である「私領」に対して検地を行おうとする場合には、まず北条氏にその旨を申告したらしい。北条氏はそれに対して検地奉行を指名・派遣し、そのうえで検地が行われているから、その検地は北条氏の監督下でのものとなろう（「江川文書」）。

このように検地は、大名だけでなく、知行人である一門や宿老、さらに一般の家臣でも行うことができたようであるが、前者については独自の検地が認められていたのに対し、後者については北条氏の監督下で行われた。おそらくその違いは、検地の結果として生じる「増分」（村高の増加分）の処置にあったのではなかろうか。「増分」は原則として、北条氏の御料所に組み込まれた。後者の場合が北条氏の監督下で行われるのはそのことに関係しているとみられる。それに対して前者の場合では、北条氏がまったく関与していないことからすると、増分はその知行人の所領として繰り込むことが認められていたのではないか、と考えられる。

それからもう一つ注目しておきたいのは、家臣が検地を行うことができる所領が、「私領」と称されていることである。これは御料所と対比されての呼称であるが、それにとどまらない意味を持っているように感じる。一つの郷・村に対して、複数の家臣の所領が設定されることは珍しくないが、その知行の性質には違いがあった。例えば給田は、その田地の上分（収穫物）のみを収取するものであったから、公事などの賦課はなかったとみられる。おそらくは、検地や公事賦課などができる知行権（領主権）というものがあり、そうした権限を持っている領主を「地頭」、その対象となる所領を「私領」と称していたのではないかとみられる。こうした状況は、武田氏・今川氏についても確認することができる。

次に棟別改についてみておきたい。検地とほぼ同時に村内の屋敷地の調査が行われるもので、これを棟別改（家数改）と称している。屋敷地に対しては棟別銭という役銭が賦課されるが、その徴収対象を確定するための作業である。そしてその徴収台帳として、棟別銭取帳が作成された。そこには賦課対象の屋敷地とその所有者、賦課が免除されている屋敷地とその所有者などが登載された。屋敷地の単位は、間口を表わす間《けん》で表示されている。北条氏の場合、この台帳も大名・領主側で保管されたらしく、村側には交付されなかった。

なお家屋があったとしても、それがただちに屋敷地となるかは別問題であった。屋敷地として認定されない場合は畠として登録された。屋敷地というのは、そもそもは村に対して特別な税（多くの場合は夫役）を負担する百姓の所有地を表わす地目といってよく、したがって屋敷地かどうかは第一義的には村側で決定された。そのためこれも村内における負担体系に依拠したものといえる。大名の認定と村の認定の基準に相違があるのかどうかまでは明確ではないし、大名側にできるだけ多くを認定しようとする志向が働いたことは容易に想像されるが、結局は村との協議によって決定されるものといえる。

大名と村の駆け引き

検地によって決定された村高が、そのまま年貢高になるわけではなかった。村高から種々の引方と呼ばれる控除分が控除され、その残りが年貢高（定納高）となった。それこそが、大名と村との間における高度な政治交渉の反映であった。控除分には、公事免・灌漑施設維持費・寺社維持費・村役人の役料などの項目があった。北条氏の場合、そうした引方を控除することは「分国中法度」といわれ、後には「国法」といわれており、領国共通の方法になっていた。

引方の項目には、領国一律の基準が設けられていたものがあった。公事免というのは、北条氏が賦課する夫役に対する反対給付（日当のようなもの）をあらかじめ村高から控除するものであったが、その額は村高の一割と規定されていた。その他、直轄領における代官への給分にあたる代官給も、多くの場合で村高の一〇パーセントになっていたし、直轄領・給人領などを問わずに設置されていた小代官《こだいかん》・名主《なぬし》という村役人の一種への給分である小代官給・名主給は、村高の三パーセントになっていた。

その一方で、村によって異なる項目があったり、同じ項目であっても額が異なる場合もあった。これについては、領国一律の基準があったものとは別に、検地を行った大名・領主と、村との協議によって決定されたと推測される。そうであるからこそ、村によって違いがみられていたと考えられる。そうすると引方の内容の決定は、まさに村の交渉力にかかっていたといえるであろう。

したがって、村高に対する引方の割合は、村によって異なるものとなる。例えば、永禄十二年（一五六九）の相模西郡斑目郷（神奈川県南足柄市）では約三五パーセント（戦北一三六九）、天正六年（一五七八）の武蔵岩付領三保谷郷《みおや》（埼玉県川島町）では約二二パーセント（戦北一九七九）、同十四年の下総関宿領金野井郷《かなのい》（千葉県野田市・埼玉県春日部市）では約二二パーセント（戦北三〇二九）といった具合である。ただ事例をみていくと、おおよそ二割から三割程度におさめられていたように思われる。なおこうした引方の基本的部分については、大名、もしくは独自の検地を認められていた一門や宿老によって決定され、その他の家臣には部分的であったと考え

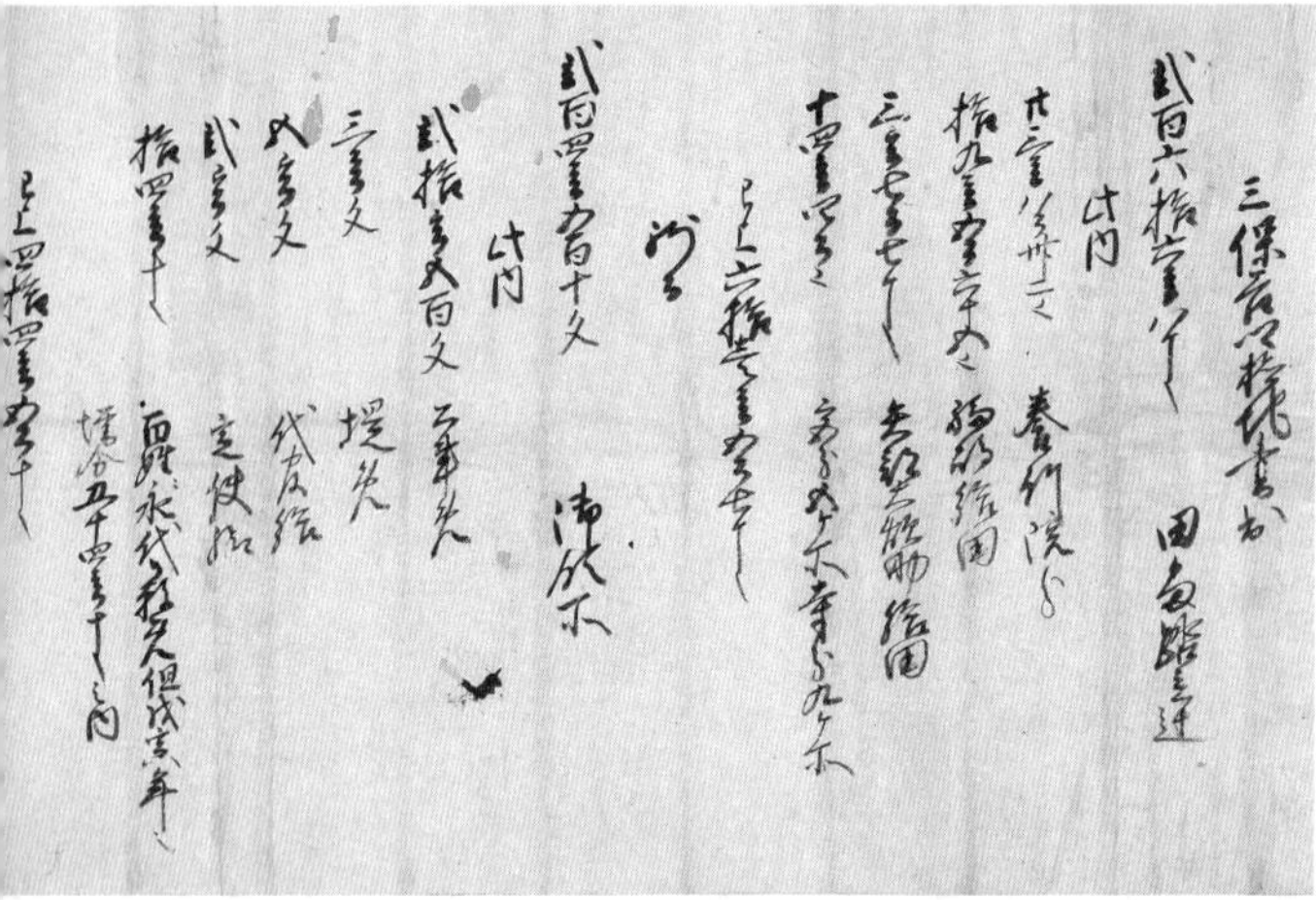

られる。一般の家臣の私領検地に対して、大名から検地奉行が派遣されているのはそのためと考えられる。ここに村高・引方の決定が、基本的に大名によって行われること、その一般家臣の領主権に対する優越性をみることができる。

そしてそれらの結果はまとめられて、検地を行った大名・領主から村に交付されたが、それを「検地書出《かきだし》」と称している。その交付に際しては、あらかじめ村側から、規定された年貢高の納入を誓約する旨が記された「請負之一札」「御請」という誓約書が提出され、それをうけてこの検地書出が交付されるのが原則となっていた（戦北一三六九・二六五〇）。その後における課税は、この検地書出の内容に基づいて行われるため、これはいわば徴収

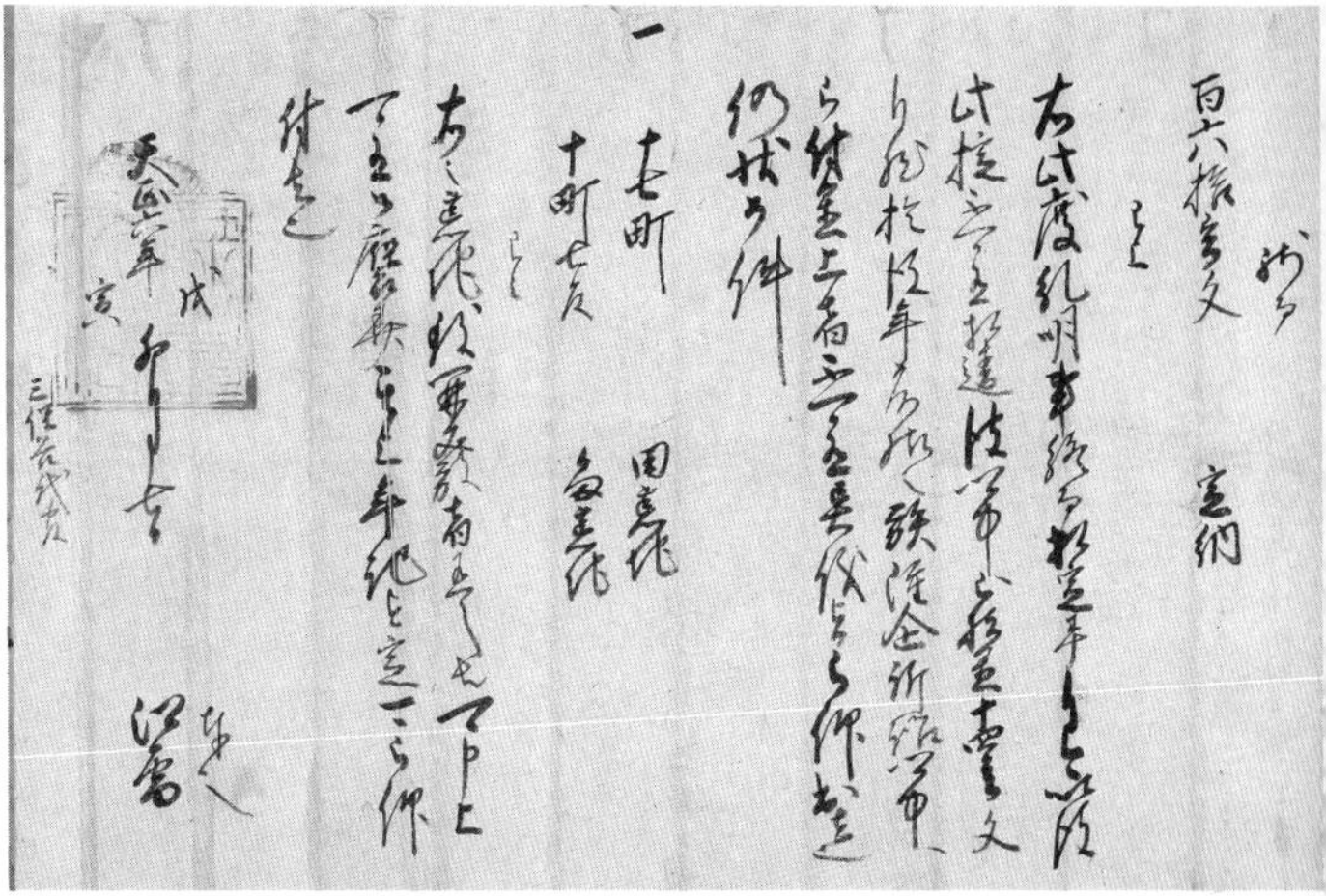

天正6年4月7日付北条家検地書出（埼玉県立文書館寄託、道祖土家文書No.7）

税額決定書の性格にあたった。

ちなみに一反あたりの年貢量はどのくらいになったのであろうか。北条氏では、貫高一〇〇文あたりの穀物との換算数値は、もちろん相場によって異なるものの、北条氏の公定枡・榛原枡《はいばらます》（榛原枡一升は現在の一升に対し一一五パーセント）で一斗二、三升あたりを目安にしていた（戦北六二三など）。田地の場合、基準貫高の反別五〇〇文というのは、年貢としての徴収限度額にあたっており、実際にはいまみたように二割ほどの控除分が存在した。そうすると実際には反別で四〇〇文ほどが年貢高に相当したとみることができる。そしてこれに先の穀物との換算数値を乗じると、田地一反あたり五斗二升というのが、おおよその目安になろう。中世年貢の前身にあたる平安時代後期の公田官物は、反別三斗であったから、これはほぼその倍といえる。また成立期の荘園年貢は五斗六升ほどとみられていて、それとはほとんど変わりはないといえる。一方、江戸時代において一般的といえる、上田一段京枡一石五斗で、免五ツ（五掛け）の場合と比べると、約八五パーセントに相当する。ただし、北条氏における基準貫高は平均値であったから、これを中田相当とみると、その数量はほとんど変わらなくなる。このことからも、織豊・近世大名検地が戦国大名検地よりも多くの富を収奪したというような理解が、幻想であることがわかるであろう。

ところで検地書出のなかには、村高には含まれない荒地《あれち》面積を登載しているものもみられている（戦北一九七九・三〇二九）。荒地は一年以上、作付けがされていない旧耕地をいい、かつては耕地として村高に組み込まれていたが、荒地の認定をうけることによって村高から除外されたものをいう。その面積が検地書出に登載されているのは、荒地が再開発（耕地への復旧）予定地であったからである。

本来、荒地は無主の地として誰でも再開発に取り組むことができた。しかし他村の者が再開発してしまうと、その者が所属する村の耕地になってしまうことがあった。そうすると耕地の帰属をめぐって、村同士の紛争が生じてしまう。荒地面積が検地書出に登載されているのは、その荒地がその村の領域であることを、大名・領主からも公認をうけ、その村の耕地予備軍と

下総金野井《かなのい》郷宛検地書出の内訳

A　田畠踏立辻＝村高の確定

田	12町 4段70歩（1段300文）	37貫220文	本途高
畠	38町 4段60歩（1段165文）	63貫468文	本途高
畠戊歳開	3町 3段60歩（1段165文）	5貫556文	増分
田戊歳開	45歩（1段300文）	36文	増分
合計		106貫280文	

B　定り引物＝控除分の確定

百姓公事免	10貫600文
神田梶取明神	2貫　0文
堤免	2貫　0文
万福寺	2貫　0文
清満寺	2貫　0文
代官給	3貫　0文
定使給	2貫　0文
名主給	1貫　0文
合計	23貫600文（実際は24貫600文）

C　定納＝年貢基準高の確定

田畠踏立辻106貫280文－控除分23貫600文＝定納82貫680文　］本年貢

D　不作一廻引＝損免分の確定

畠之分、椎津屋敷百姓退転不作	2貫　文
田戊歳水損	3貫800文
畠当不作	1貫631文
合計	7貫431文

E　当納＝年貢高の確定

定　納　82貫680文　－　損免分　7貫431文　＝　75貫250文（実際は75貫249文）

当年一廻＝為引有物　13貫600文　］加地子

合計＝当納　88貫850文

F　荒地高の確定

田浮土善殿山分	10貫　0文
田清満寺分	5貫　0文
田蕪之内	3貫　0文
畠町本屋敷ヨリ小田辺境迄	130貫　0文
合計	148貫　0文

G　本郷踏立辻＝総村高の確定

村高106貫280文＋荒地高148貫　0文

＝本郷踏立辻　214貫280文（実際は254貫280文）

H　木山の確定

木山三ヶ所

して確保することを意味したと考えられる。このようなことが、検地が村の領域の画定に機能していたことを示している。

ちなみにいわゆる村領域の画定を示す「村切り」が、「太閤検地」以降の検地によって行われたという見解が広くみられているが、これも誤りである。「村切り」とは村ごとに、という意味しかなく、したがって村ごとに検地するということである。その際、村の領域の画定、それは隣接村との境界画定をともなうものとなるが、それは村を対象に検地をする以上、当然のことであろう。つまりは戦国大名の段階ですでに「村切り」検地であったことに変わりはないのである。これも戦国大名の検地と織豊・幕藩権力の検地に質的違いがあるという憶測から生まれた見解でしかない。

ただし先の荒地再開発の問題のように、村という組織は、決して固定したものではなく、人員構成も領域も変動する可能性を常に持っていた。極論していえば、どこの集団が交渉相手となるかで、その村の範囲も変わるのである。織豊・幕藩権力が検地をする際は、多くは新入部した時であったから、交渉相手となる村を確定し、同時にその境界を画定するという行為を新たに行わなければならなかった。そのような状況がことさらに「村切り」という言葉を多用させたにすぎない。

大名と村との契約

検地が行われて、村高さらには年貢高が決まるまでにはこのような過程があった。こうした検地は、おもに大名の「代替わり」ごとに行われた。大名家における当主の交替だけでなく、大名そのものの交替もそれに含めてよいであろう。「代替わり」においてはさまざまな契約関係の更新が行われるが、検地による村高・年貢高確定もその一つであったといってよい。それだけではなく、臨時の検地としての公事（訴訟）検地・検見《けんみ》などもあった。前者は、隣接村との間の境界紛争にともなうもので、これによって村領域の再画定を行うものである。ここからも検地と村領域の画定が一体の関係にあったことがわかる。

それに対して後者の検見は、風・干・水害といった災害による不作耕地の発生によって、そのままでは規定の年貢高を納入できないため、村側からの年貢減免要求によって行われるものであった。申請をうけた大名・領主は、作柄調査によって損免分を決定して、村高もしくは年貢高から控除した。その年の年貢高からの控除で済めばそれは一年限りの年貢減免となるが、村高にまで変更が加えられる場合は、検地と同質の性格を持つことになった。そのため検地自体も検見と称される場合もあった。

検地・検見の結果は、大名側で一方的に決めるのではなく、その過程では必ず村側の同意を得て成立された。そのため検地の結果は、両者間における一種の契約、すなわち社会的契約をなした。村側による年貢・公事の未進（滞納）は契約違反であり、大名・領主側によって譴責《けんせき》の対象となった。その一方で、大名・領主側も契約以上の徴収はできなかったから、両者間で取り決められた数値は、間違いなく双方を拘束するものであったといえ、それゆえに、支配者と被支配者という階級の相違はあるが、その関係は一種の契約と理解されるのである。

検地から年貢高確定までが契約であったとするならば、契約が成立しない場合はあったのであろうか。その場合にはどうなると考えられるであろうか。検地が行われるのは、作付け面積を把握する関係から、収穫期が多かった。北条氏の検地書出は二〇点弱が確認されているが、そのほとんどは秋（七～九月）・冬（十～十二月）に出されている。それ以外の時期に出されているのは、四月から六月の夏におけるものが三点あるにすぎない。

そのうちの一つに、四月七日付で出されているものがあり（戦北一九七九）、その冒頭に「糺明事終わって相定め」たことが記されている。そこでは村への引方のうちの免税分（「彼郷中へ指し置き」）が問題になっているとともに、大量の荒地が登載されているから、おそらく検地は秋の年貢収穫期に、損免要求に基づいて行われていたのであろう。しかしその後、両者の間では荒地認定や引方認定などの数字交渉で合意にいたらず、作付け時期の四月になってようやく決着をみて、検地書出の交付となったという事情がうかがわれる。いわばぎりぎりになって双方の妥協が成立したことになる。検地が、大名と村との高度な政治交渉の結果である所以である。

ではそれでも契約が成立しなかったらどうなるのであろうか。その具体的事例には接したことがないのでわからない。しかし契約が成立しないというのは、支配関係が成立しないということであり、それは敵対関係となるから、大名・領主側はその村を敵対認定し、攻撃の対象としたと推測される。あるいは序章で触れたように、領国からの追放という処置になるのかもしれない。それでは互いに困ることになるから、実態としては、ぎりぎりのところで妥協が図られるとみられる。

大名の「国役」

戦国大名は、領国一律に「国役」と称される公事を課した。これこそが戦国大名の特質を示すものとなる。それらの公事は、村高・棟別のいずれかを基準としており、大きくは銭貨《せんか》を徴収する役銭と、労働力を徴発する夫役に分けられる。北条氏の場合では、役銭には反銭《たんせん》・懸《かけ》銭《せん》・棟別銭・城米銭《じょうまいせん》などがあり、夫役には大普請役・陣夫役などがあった。以下、具体的にみていきたい。

反銭（段銭）は田に対する賦課役で、田の貫高に賦課された。初期の税額は明らかでないが、一般的には一反につき五〇文が通例であったから、北条氏でもそうであった可能性が高い。北

北条領国における村負担の主な国役

系統	役名	賦課対象	賦課基準
役銭系	反銭	田方貫高	１反につき40文（天文21年〈1552〉以降）
	懸銭	畠方貫高	貫高６パーセント（天文19年〈1550〉以降）
	棟別銭	屋敷	１間につき35文（天文19年〈1550〉以降）
	正木棟別銭	屋敷	１間につき20文（当初は隔年で40文。弘治元年〈1555〉以降）
	城米銭	村高か	不明
夫役系	大普請役	村高	20貫文につき１人・年10日
	陣夫役	村高	40貫文につき１人・１陣につき10〜20日

条氏では天文十九年（一五五〇）四月の「公事赦免令」（九一〜九二頁を参照）を契機に、役銭の税制の改革がすすめられていくが、そのなかで同二十一年に伊豆・相模で、弘治元年（一五五五）に武蔵で、本反銭という税目が設定されている。これは反別四〇文（貫高八パーセント）の税額であった。それ以前の税額が反別五〇文であれば、一〇文の減額が行われたことになる。その弘治元年には、伊豆・相模では逆に増税が行われていて、増反銭《ぞうたんせん》（本反銭の三分の一から半分）が設定されている。

例えば相模東郡田名郷（神奈川県相模原市）の場合をみてみたい。田名郷の田の面積は一五町八反余で、その貫高は七九貫文余であった。天文二十一年にそれに対する本反銭として六貫三二〇文が賦課されており（戦北四一七）、弘治元年には増反銭として本反銭の三分の一にあたる二貫一〇七文が上乗せされ、天正九年（一五八一）にはさらに本反銭の三分の二にあたる四貫二一四文が上乗せされた（戦北二二六一）。結果として、田名郷における反銭は、本反銭の二倍になっている。

なおこの間の永禄五年（一五六二）に検見をうけ、それによって田一二町、その貫高は六〇貫文に再設定され、その年の反銭は四貫八〇〇文（戦北七九六）、翌六年に増反銭としてその半分二貫四〇〇文を上乗せされていたので（戦北八二二）、やがて村高は元に復されたことがうかがわれる。しかも注目されるのは、このなかで天正九年の増反銭は、「代替わり」による検地施行のかわりに賦課されたというものであった。これは検地を行えば必ず増分が出るということを前提に、大名による増徴と村の年貢などの負担増加の忌避との妥協点として、増反銭の賦課が行われたととらえることができる。

懸銭は畠に対する賦課役で、畠の貫高に賦課された。天文十九年の「公事赦免令」によって、畠賦課の諸公事を廃止し、そのかわりに創設されたもので、税率は畠の貫高の六パーセント、納期は六月と十月の年二期とされている。それぞれ夏作麦と秋作（大豆など）を対象にしたものので、畠作二毛作に対応した課税といえるであろう。

棟別銭は屋敷地に対する賦課役で、屋敷地の家数に賦課された。一般的な税額は、当初はそれ以前における一般的課税額の一間《けん》につき五〇文であったと推測されるが、これも天文十九年の「公事赦免令」を契機に一間三五文に減額されている。さらにその付加税として三パーセントの目銭《もくせん》（手数料のようなもの）が加えられていた。弘治元年から正木《まさき》棟別銭という新税目が創設され、「正木」＝麦を対象にしたもので、納期は六月、麦で現物納されることもあった。税額は一間二〇文（初めは隔年で一間四〇文）、その目銭として三パーセントが加えられた。これによって棟別銭は合計で一間五五文、それに三パーセントの目銭となっている。

ただし棟別銭の税額は、それらとは異なる場合もあった。伊豆西浦三津《みと》郷（静岡県沼津市）では一間七〇文（戦北三七七四）、武蔵岩付領井草村（埼玉県川島町）では一間一〇〇文（戦北一五六七）、相模東郡藤沢大鋸町（神奈川県藤沢市）では一間二〇〇文（戦北四九九）などという事例がみられている。これらは漁業・商業・職人などの性格が強い村におけるものであった。そうした村は田畠面積は少ない場合が多かったから、田畠を対象にした年貢や役銭ではそれらの村については充分に富を捕捉できなかったため、棟別銭の額の操作によって対応を図っていたと考えられる。北条氏はこのようなかたちで、社会的分業の在り方に対応して支配を行っていたといえるであろう。

城米銭は、本城・支城に備蓄しておく兵糧米の購入資金として賦課されたものであったが、税額などについては明らかになっていない。

大普請役は、本城や支城などの軍事拠点の構築や修築のための労働力を徴発するものである。「大」が付けられているのは、戦国大名賦課のものであることを、他の領主賦課の普請役と区別するためと考えられる。北条氏では、初代の伊勢宗瑞《そうずい》が伊豆に侵攻した直後にあたる明応六年（一四九七）には、この役の存在が確認され、しかもすでに毎年の恒常役として制度化されていた（戦北四五九七）。軍事拠点の構築・修築は戦国大名にとって不可欠の事柄であり、北条氏においても成立期にすでに制度化されていたことからすると、そもそもこの役は戦国大名の存立と一体のものであったことがうかがわれる。

しかしながらいくら重要な役とはいえ、村々からの負担は決して無制限ではなかった。大普請役についてもきちんと定数化されていたのである。具体的な定数がわかるようになるのは、永禄年間（一五五八〜七〇）になってからとなるが、そこでは一人につき年一〇日、人数はおおよそ村高二〇貫文につき一人の割合となっている。人夫にかえて銭貨で負担する代銭納《だいせんのう》の場合は、およそ一人分につき八貫文となっていた。

その永禄年間になると、大普請役とは別に、「末代請切《うけきり》普請」という新たな城の維持の仕組みがみられるようになる。文字通り、村ごとに、永遠に普請担当が割り当てられたものである。しかしその負担は、上乗せされるのではなく、その年の大普請役から相殺された。なお末代請切というかたちの負担は、これ以前の天文十三年（一五四四）に、鎌倉鶴岡八幡宮の宮中掃除の場合にみられていたから、村による末代請切の形態は、初めは寺社の維持の場合にみられ、それが城にも適用されるようになったことがうかがわれる。

またこの大普請役について注目されるのは、本来は軍事施設の構築・維持のための負担であったが、天正年間（一五七三〜九二）に入ると、広域的な灌漑施設工事（堤防など）にも適用されるようになっていることである。それらは周辺の村々の生産環境を整備する重要な工事であり、それに大普請役があてられているということは、領国の村々の共同負担によってその工事が行われるということであり、いわば公共工事として理解できるものとなる。普請役は江戸時代になると、戦争の終結にともなってそうした公共工事が中心になっているが、その端緒は戦国大名にあったのである。

陣夫役は、戦陣のたびごとに、人・馬を徴発するものである。賦課の基準は、およそ村高四〇貫文に一人の割合で、一陣につき一〇日から二〇日従事させられた。戦陣のたびごとに徴発されるのであるから、その回数が増えればその分、負担は増すことになろう。その仕事は戦陣への武具や兵糧などの物資輸送であり、そのため輸送用の駄馬が徴発されたのである。この役も、大普請役と同時期からみられ、戦国大名の成立当初から制度化されている。大普請役・陣夫役は、ともに戦争のための労働力徴発であることからすると、そもそも戦国大名は、こうした役があってはじめて存立することができたことがわかる。

徴発された陣夫は、大名のみが使役するのではなく、大名から村の領主とは別の大名家臣に割り当てられていた。その村の領主に使役させると、その領主の徳分化してしまうからであろう。代銭納の場合はおよそ一人につき八貫文を負担した。誰が陣夫として出て行くのかは、村の側で決定された。そのため陣夫を務めている場合には、他の夫役などを割り当てられることはなかったとみられる。使役給人と気が合わないとして交替される事例がある一方で、逆に親密化してその奉公人になる事例もみられている。

年貢と公事の納入方法

それでは村から戦国大名やその家臣に対して、年貢や公事はどのような方法で納入されたのであろうか。

まず年貢の場合である。年貢はそれぞれの領主に納入されるものであるが、それは村から領主の本拠に運搬され、納入された。村内では負担責任が割り当てられていたものの、納入の主体はあくまでも村であった。相模西郡斑目郷（神奈川県南足柄市）は、領主大道寺氏が武蔵河越城（埼玉県川越市）に在城しているため、同城への納入を指示されている（戦北一三六九）。また領主が交替すると、新領主から納入先変更の指示が出された。下総葛西金町郷（東京都葛飾区）は、新たに「奥方領」になったため、奥方（領主の夫人）に納入するよう指示されている（戦北二七四三）。

年貢高は、先にみたように検地書出の際に「定納高」として決定されていたが、それで自動的に年貢高が決まったのではなかった。実際には年ごとに、春（耕作開始時期）に決定され（「春入之辻」戦北二八七五)、秋にそれに基づいた配符(納税通知書)が出されて、期日までの納入が命じられた。このように春の決定と秋の収納が対《つい》になっており、これは領主の責務としての勧農(耕作環境の整備)と、その対価としての収納の関係にあたっている。

勧農とは、作付け時期に、その作付け面積に応じて、種籾や夫食《ぶじき》(いわゆる生活費)の貸与などを行うものであった。当然、その時点で作付け面積に応じたその年の年貢高が決まることになろう。検地の結果としての村高や年貢高の確定が、この作付け時期までに行われるのは、こうした事情があったからとみることができるであろう。

しかし災害などがあって、「作毛相違」が生じた場合は、所定の年貢を納入することはできなくなる。その場合には、納入期日以前に減免要求が出され、領主側はそれをうけて不作分を差し引いて、あらためて年貢高が決定された(戦北二八七五など)。戦争による被害や風・干・水害などによって不作地が発生した場合、相応に減免することは、領主側にとっても当然のこととして認識されていた(戦北三三一四など)。

年貢の納入に際しては、その都度に領主側から村に対して「請取」(領収書)が出された(戦北一九六七)。納入は一度にまとめて行われるのではなく、数度に分けて行われていたのであろう。「請取」は蓄積され、「請取日記」と称され、年末ないし年初に領主側において点検が行われ、皆済《かいさい》(全額納入)されていれば、領主側から村に対して「皆済状」が出された(戦北一三七五・一四五二)。「請取」はそれと交換のかたちで提出されたとみられる。そして不足分があれば、その分は「未進」(滞納)として処理された(戦北一九六七)。このような方法は、後の江戸時代におけるそれとまったく同じである。

次に「国役」のうち、役銭の納入方法についてみていきたい。役銭のうち反銭・棟別銭は、だいたい八月から十月が納期とされていて、それ以前に大名側から村に対して配符が出され、納入期日と納入先が指示された。納入先は、本城の小田原城か、その村が所属する行政単位(領・郡)の支城が指定された。例えば、永禄十一年(一五六八)、相模東郡田名郷には、棟別銭は玉縄城に、反銭は小田原城への納入が指示されているのに対し(戦北一〇九〇)、武蔵小山田庄小川郷(東京都町田市)には、ともに小机城への納入が指示されている(戦北一〇九一)。懸銭については、先に触れたように六月・十月の年二回の納期があり、正木棟別銭については夏が納期であった。その他のことについては反銭などと同様であった。

この役銭の徴収方法については、永禄三年(一五六〇)を画期にして、大きく制度の変更がみられている。同年以前は、代官・給人が徴収して担当奉行に納入していたが(「江川文書」)、同年からは村から直接、担当奉行に納入され、そこで請取を取って、さらに小田原城に赴いて勘定奉行に提示するという方法に変わっている(戦北七八九)。こうした納入方法は、村が直接、担当奉行に納入するということから「百姓直納《じきのう》」と称された。その変更の背景には、未進の処理方法の問題があったが、それについては後に取り上げる。

「国役」のうち夫役については、大普請の場合は、村に対し、徴発人数・日数・場所が通知された。普請先の城郭については、必ずしもその村が所属する行政単位（領・郡）の範囲に規定されていたわけではなかった。天正十五年（一五八七）に武蔵河越地域の石田本郷（埼玉県川越市）に対して、小田原城の普請が命じられている（戦北三〇四八）、といった具合である。北条氏の「本国」内であれば、いずれの城郭も対象にされていたことがうかがわれる。仮に不参した場合には、一日につき五日の「罪科普請」が課された（戦北一三三九など）。陣夫の場合は、あまりよくわかっていないが、使役給人からその都度、徴発があったようである（戦北三七九一など）。

滞納分の処理方法

それでは年貢や公事に未進（滞納）が生じたら、どのような処置がとられていたのであろうか。まず年貢については、直轄領では代官が立て替え納入して、その分について利足を付す貸付のかたちがとられた。領主も同様に貸付の処置をとっていたとみられる。利足は明確ではないが、一般的な利率から判断すると月利五パーセントないし年利五割であったとみられる。そのうえでさらに未進した場合は、納入責任を負っていた百姓を改易した。ただしその決断は、百姓数の減少をもたらすため、なかなかできないというのが実情であったようだ。

相模三浦郡公郷《くごう》佐竹方（神奈川県横須賀市）では、年来の「不納」によって、二七、八年続いてきた百姓ではあったが、ようやく改易の処置がとられている。しかしながら当初は改易する百姓については六人を予定していたが、結局二人にとどめるものとなっている（戦北三六〇二～三）。滞納は年来とあるから、数年にわたるものであったろう。それでも改易は簡単に決断できるものでなかったことがうかがわれる。

とくに注目されるのは、その村で百姓として三〇年弱続いていた、ということがいわれていることである。逆にいえばそれだけ続いている百姓は珍しかったことになる。戦国時代においてはそれだけ百姓家の存続は困難な状況にあったのであろう。百姓数の減少は、作付け面積の減少、ひいては年貢・公事の減少をもたらしたから、領主側も未進があったからといって、簡単には改易することができない事情があったのである。

次に「国役」のうち役銭の場合についてみていきたい。当初は地頭・代官を通じての徴収であったが、未進が生じると大名によって譴責が行われたらしい（戦北二一二一）。譴責というのは、大名の奉公人（「中間《ちゅうげん》」や「公方人」）が村に乗り込んで、暴力的に未進百姓の妻子・下人・牛馬といった動産を質取り（差し押さえ）する行為をいう。当然のことながら、村ではこれに対抗したから、譴責を行うとすれば、それは大名側と村との間に紛争を生じさせることになる。

またすでに減免が加えられていた場合には、未進百姓は斬首とされ、徴収に責任を負っていた地頭・代官にも科刑された（戦北三七三）。しかしこれらの方法は、村の疲弊を招くことになるため、双方にとって好ましいものではなかった。そのため永禄三年（一五六〇）以降は、地頭・代官による徴収を止めて、村に直接納入させる方法に改め、未進に対してはただちに譴責を行うことはしないで、日利およそ八パーセントの利足を付した貸付とされた（戦北一三〇〇など）。この利率は当時としてもかなりの高利であったが、譴責や斬首にいたるよりはましな方法と考えられたのであろう。

そして元亀二年（一五七一）には、遅延一日で日利二パーセント、五日で八パーセント、一〇日で一三パーセントというように、遅延日数によって利足が上昇する方法に修正されている。それでも未進した場合には、奉行人・公方人による譴責が行われ、未進百姓の妻子・下人・牛馬の動産を質取りするものとされている（戦北一三〇〇など）。このように役銭の未進については、原則的には改易・譴責という厳しい処置がとられることになっていたが、それらの結果は百姓不足をもたらすため、利足を付すという対応が主要になっていく状況がうかがわれる。

統一的税制の構築

ここまで北条氏の事例をもとにして、その税制の体系について取り上げてきた。その内容をみて、戦国時代にもかかわらず、思いのほか整然とした体系が構築されていると驚かれた方もいるのではなかろうか。実際のところ、北条氏の場合は、そこまでわかるからこそ、戦国大名研究のなかでも領国支配の内容がよくわかる大名となっているのであり、その在り方は基本的には、後の近世大名のそれと比べてもほとんど遜色がない。

しかし、北条氏においても、税制体系は当初からそのようになっていたのではなかった。それは歴史的展開のなかで構築されたものであった。その詳細については、私はすでに『戦国大名の危機管理』で詳しく述べている。ここで同様に詳しい叙述を行う分量的な余裕はないので、詳細は同書を御覧いただくこととして、ここではごく要点を述べることにしたい。

大きな画期にあたっているのが、天文十九年（一五五〇）四月一日付で、領国内の各村に一斉に発令された「公事赦免令」である。これは前年四月の地震災害による不作などを要因にした、「国中諸郡退転」という領国を覆った非常事態への対策として出されたものであった。作付け時期の当時、領国全域で、村から百姓が逃げ出し、村では百姓不足（「退転」）になっていた。このままでは大量の荒地の発生が危惧されたことはもちろん、退転は領国の存立そのものを危機に陥れることになった。

公事赦免令は、この作付けの時期に、まずは百姓を帰村させることを主眼とした、村々の復興策として出されたものである。その内容は、

①畠賦課の諸税（北条氏収取分）を、畠貫高六パーセントの一律税率に一本化し、懸銭という新税を創出
②給人・代官の公事賦課を制限する
③帰村百姓には債務の全面破棄を認める（徳政）
④不必要な夫役の廃止・銭納化
⑤給人領の村に北条氏への直接訴訟権を認める

というものであった。簡単にまとめれば、減税と徳政による統一的な負担軽減策であった。これこそが北条氏にとって、領国全域を対象にした統一的な危機対策の最初であった。そしてこれを契機にして、税制改革がすすめられていき、領国支配の在り方の統一性が高められるとともに、領国全域における統一的な負担体系が形成されていくことになる。

それだけでなく、②からは給人の独自の領主権にも規制がかけられていった。その帰結が江戸時代のサラリーマン的な武士となり、この改革はその端緒にあたっていた。⑤からは、目安制という裁判制度が展開していくことになる。これについては第四章で取り上げるが、そうした行政機構についても改革が行われていった。

次なる画期となったのは、永禄三年（一五六〇）二月・三月における徳政令の発令であった。数年前からの深刻な飢饉状況への対策として、北条氏は当主を交替し（氏康から氏政へ）、そのうえで新当主のもとで復興対策を行った。その内容は、同年における年貢納入方法の緩和（現物納の容認）と一般債務の破棄（徳政）であった。

そのうち前者のものは、年貢納入は精銭という良質の銭貨によって行われるのがきまりであったが、撰銭《えりぜに》状況（銭貨の差別現象、詳しくは第三章を参照）によって、精銭を調達しにくいことへの便宜のため、半分について穀物などによる納入を認めたものである。この動向がやがて、現物納容認（同七年から）の展開、それにともなう収取機構の改革へと展開していくことになる。この問題についても第四章で取り上げる。それだけでなく、それらにともなって先にみたような、未進処理方法にも変更が行われていた。

北条氏の税制は、このような改革を通じて、領国統一的な体系を構築していったのである。そしてその背景にあったのは、領国を覆った危機であり、これらはすべてその対策の結果として生み出されたものであった。その内容は、「国役」という大名による村からの戦争費用の徴収と、それを可能とする「村の成り立ち」との整合性を追究した結果といってよい。ここに戦国大名の存立が、領国内の村々の存立、すなわち「村の成り立ち」に依拠する構造にあったことを端的にみることができるであろう。

臨時の普請役

そうした事態をうけて登場してくるのが、臨時の普請役賦課であった。これは戦国時代の後半に入って、大規模な戦国大名同士の全面戦争が展開されていく情勢のなか、戦国大名にとって領国存亡の危機が生じた際に、規定以上の普請役の負担を、領国内の村々に課すという事態がみられるようになってくるのである。北条氏の場合では、永禄十二年（一五六九）から元亀二年（一五七一）にかけての対武田氏戦、天正十五年（一五八七）からの対羽柴氏戦において、そのような事態がみられている。

そこで北条氏は、規定の大普請役をすでに消費してしまったため、臨時の普請役の賦課を行っていった。その初見となるのが永禄十二年八月に相模中郡徳延村（神奈川県平塚市）に出した朱印状であり、そこでは次のような発言があった（戦北一二九六）。

此の度臨時普請、迷惑たるべく候と雖《いえど》も、第一に御国のため、第二に私のために候間、百姓等においても、奉公申すべく候、御静謐の上、御憐愍《れんびん》を加えらるべく候、

《訳》
今回の臨時の普請役は、迷惑ではありましょうが、第一に「御国《おくに》」のため、第二に村のた

めなのだから、百姓であっても奉公すべきです。戦争が終わったら、御憐愍を行います。

すなわち、臨時の普請役賦課が、村への過重負担になることを承知し、そのままでは同意されないことも認識したうえで、その普請役を務めることが、第一に「御国」のためであること、第二にそれは村（「私」）のためでもあること、だから百姓もそのような奉公をするべきだ、というのである。その説得の論理として考案されたのが、「御国」の論理であった。

村が奉公すべき対象として「御国」があげられている。そして同時に、「御国」のためになることは、村自身のためでもある、と主張している。そうはいっても規定以上の負担であるため、それへの対価が用意されてもいた。「御憐愍」の具体的内容は減税であった。しかしそれが繰り返されていくと、納税額が大幅に減少してしまうため、元亀二年には雇賃の支給に切り替えている。そしてそれへの拒否は、すでに何度か触れているように、領国からの追放であった。

このように北条氏は、領国存亡の危機に直面して、「御国」の論理を創り出し、それによる臨時の国役を徴発する仕組みを作り上げた。この論理はさらに、「本国」地域においては百姓軍役の徴発へと展開していくことになる（第六章を参照）。北条氏では、そうした臨時の普請役について、「惣国並御用」と称していた。領国全域に負担させる役、という意味である。

同じようなものは他の戦国大名でもみられた。武田氏では「一国一統之御普請」などと称しており、その初見は元亀二年であった（戦武一七五四）。これはちょうど北条氏と同時期となり、両者は互いの抗争のなかで、互いにそのような体制を構築していったことが想定される。また今川氏についてはもう少し早く、永禄六年から「三州急用」「火急之惣普請」などがみられるようになっている（戦今一九〇八）。敵対した松平元康によって三河を経略されつつあり、この直後からそれへの対応をめぐって遠江の国衆の離叛が展開、「遠州忩劇《そうげき》」という事態が展開していく。まさに今川氏にとっても領国存亡の危機にあたっていたことがわかる。

こうした事態はそれまでにはなかったのであるから、このことが戦国大名とその領国内の村との関係において、大きな画期となったことは否定できない。このことから序章で述べたように、戦国大名領国が、現在にいたる領域国家の起源にあたると認識されるのである。

第三章　戦国大名の流通政策

過書と伝馬手形

この章では、戦国大名が領国内外にわたる流通・交通について、どのような仕組みを構築していたのかについて取り上げることにしたい。すなわち、領国内における人と物の移動に対して、戦国大名はどのような関わりを持っていたのか、さらには領国とその外部との間における出入りはどのような状況にあったのであろうか。戦国大名領国が一個の国家ととらえられるならば、こうした領国内外にわたる流通・交通に対しても、戦国大名ならではの対応がみられることになる。その様相をみていくことにしよう。

戦国大名の流通・交通政策をみていくうえで、基本の史料となっているのが、過書《かしょ》（過所）と伝馬手形と呼ばれている文書である。いずれも戦国大名から通行者に与えられるものであるが、流通・交通政策に関する史料は必ずしも多くはなく、そのなかで比較的に多く残されているのがこの二つの種類の文書といえる。そのためそれらの文面を検討することで、戦国大名の政策内容や、さらにはその背後にある流通・交通事情の追究がすすめられているのである。

過書というのは、領国内の役所・関所・渡《わたし》といった、交通を遮断する施設の通行を認める通行証にあたる。役所・関所・渡などと異なる名称となっているが、相互に通用されている場合もあるから、それらの実態は同一のものとみなしてよい。それらの役所などでは人や荷物の通行に対して、役銭（関銭などという場合もある）という通行税が課されるが、過書は、その免除を認めるものである。そうした役所は、領国境の城郭、領国中枢における通行の要所、渡河点などに存在していた。その他、富士参詣など特定の参詣者を対象に臨時に設けられたものもあった。

そこでは領国を通過する商人・参詣者・商品などに役銭が課税された。ただし近隣住人やその荷物には課税されなかった。役銭の額などについて具体的に知ることができる史料はほとんどないが、例えば北条領国の場合、天文十三年（一五四四）に鎌倉荏柄《えがら》天神社の造営のために設けられた関所では（戦北四六三〇）、

商人方

一、麻・紙・布類荷物　十文

一、あい物馬　五文

一、せおひ（背負い）荷　三文

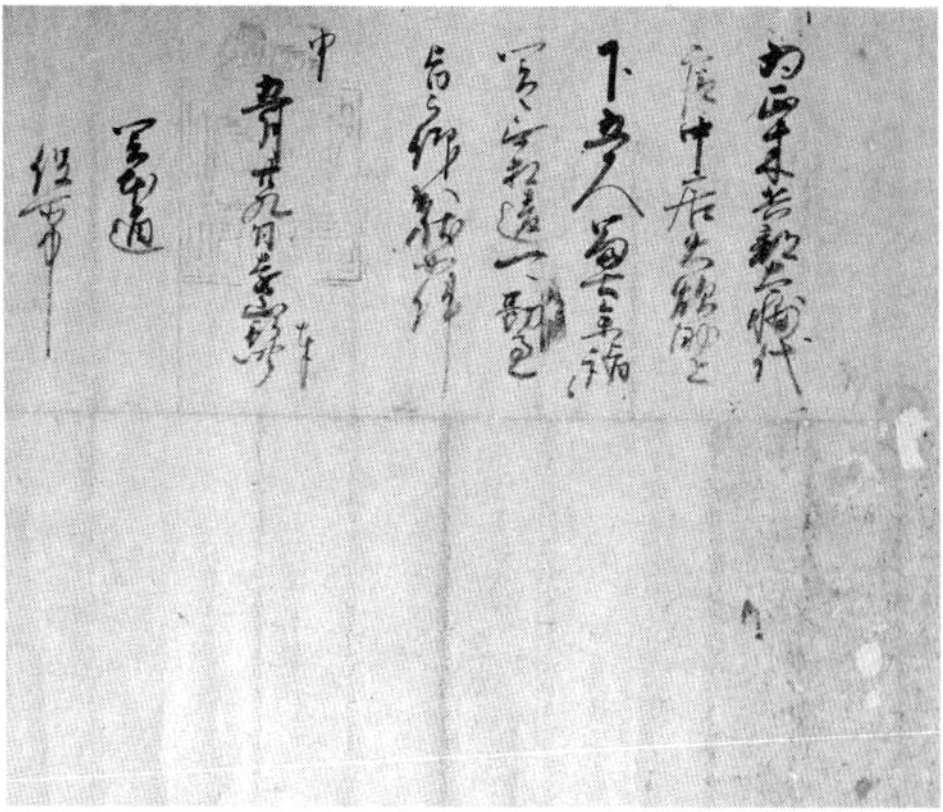

永禄３年５月29日付北条家過書（館山市立博物館蔵、鳥海文書）

道者方
一、荷付馬・牽馬・乗馬　　十文
一、手振人別《てぶりにんべつ》　　十文
と、大きくは商人と道者（参詣者）に区分され、商品種や輸送形態（馬荷か背負荷か）によって役銭額が規定されていた。

一ヶ所の役所で、年間を通じてどれくらいの役銭の徴収があったのかわかる事例もないが、駿河御厨《みくりや》須走関所（静岡県御殿場市）では、三ヶ月で一二〇貫文（毎月だと四〇貫文、年間だと四八〇貫文）を大名今川氏へ上納することが規定されていたらしい（戦今一九〇二）。この場合、馬荷（単位は疋）でいうと一ヶ月平均で四〇〇〇疋分の役銭にあたり、一日平均では一〇〇疋以上分にあたる。上納分がこれであるから、実際の通行量はもっと多かったとみてよく、それでもかなりの交通量といえるのではなかろうか。そのため役所の役銭が家臣に知行として与えられる場合もあった。天文十七年（一五四八）、武田氏は山本菅介に対して甲斐黒駒関（山梨県笛吹市）の関銭一〇〇貫文を与えている（戦武二四四）。

それらの役銭は、原則は課税であったが、大名に対して特別な奉公をする商人・道者に対して一定の免除が認められた。過書はそうしたものに与えられた、いわば無料通行証ということになる。ただし彼らの荷物すべてが免税となったわけではなく、毎月何疋分などというように、その一部について通行料が免除されたのである。

　伝馬手形というのは、領国内および領国外に通じる主要街道上に設置された、宿《しゅく》と称された場所から次の宿まで、伝馬（宿伝いでの人・馬による輸送）の利用を認める許可書である。北条氏当主が発給した場合には、伝馬専用の朱印が捺《お》されていた。伝馬による輸送には有賃と無賃のものとがあった。利用料を伝馬銭といい、それは北条領国・武田領国では一里（約六〇〇メートル、一里＝六町、一町＝約一〇九メートル）につき一銭（一文）であった。無賃の伝馬手形であれば無料であったが、有賃であれば伝馬銭を支払った。ただし通常の場合の輸送料（駄馬による輸送であったため駄賃といった）よりも割安であったらしい。今川領国では、通常の駄賃は伝馬銭よりも一・五倍という事例がある（戦今一四一七）。

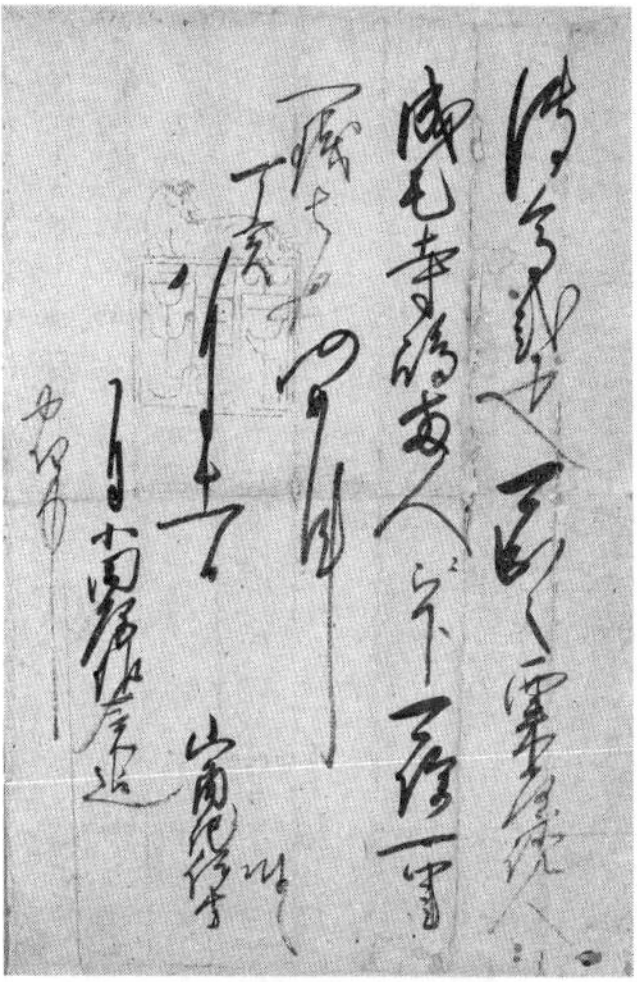

天正15年8月11日付北条家伝馬手形
（国立歴史民俗博物館蔵）

　それだけでなく、伝馬手形があると一般の輸送より優先された。なお伝馬手形のなかでは、発給の日付順に伝馬を立てることが決められている（戦北二四六八）。伝馬手形を与えられると、このようにさまざまな側面で輸送上の便宜を得られていた。もっともその多くは「公用」とあるから、大名の所用のためのものであった。公用でない場合もあるが、その場合は大名が特別に便宜を図った場合にあたっている。ただし、有効なのは発給から三日以内とされているから（戦北五九）、その時限りのものであったことがわかる。

伝馬制は陸上交通における輸送制度であったが、海上交通においてもこれと同類のものがあった。これを浦伝《うらづたい》制といっている。ただし伝馬制に比べて、関係史料は極めて少なく、具体的なことはほとんど明らかにならない。その手形には、伝馬手形とは異なって、北条氏当主が基本的に使用した虎朱印《とらしゅいん》が捺されている。漁業や海上輸送など船を用いた生業を行っている村を浦といい、船を所有している百姓を、浦百姓・舟持などといい、浦伝役はその舟持に課されたもので、浦伝いに荷物の輸送を行わせるものであった。確実なところでは、少なくとも伊豆半島西岸から小田原までのルートが整備されていたことが知られる（戦北三一三二・三四三五など）。

舟持に対しては、その所有船による物資輸送が課されていた。これを船方役といった。一般の村に対する陣夫役に相当するもので、戦時に船による物資輸送を負担するものであった。そして伝馬役と同じく、その役を負担することで船を用いての生業を保証された。浦伝役は、おそらく船方役から派生したと考えられる。北条氏は伝馬制とこの浦伝制とによって、陸上・海上の両面において、物資輸送体制を構築していたことがわかる。

変わる関所の性格

そもそも中世における関所とは、街道・海道上の要地に各領主が設立し、通行税を徴収していた。実際の維持は所領の地元集団によって行われていたと考えられるから、領主はそれを政治的行為によって保証し、その対価として通行税の上納をうけていたかたちになる。そしてそれをさらに幕府・朝廷の上級権力が保証し、知行として領主に認めていた。幕府の承認のない関所は「新関」と称され、幕府から排除の対象になるが、関所の存立は地元集団によって行われること、それを支持する領主の存在などがあって、実際には徹底されなかった。

関所の維持が地元集団によってなされていたということは、それにともなう交通施設（道や湊など）の維持がそれら地元集団によって行われていたことを意味している。通行料としての関銭は、いわばその維持のための費用といえ、交通施設を利用する受益者負担と理解される。そのため関銭を支払わないなどの違犯者に対しては、地元集団によって、荷物はもちろん輸送のための馬や船の掠奪や、輸送者の拘束などの報復が行われた。そうした行為が掠奪された側からは、山賊・海賊と称されたのであるが、関銭を支払うことで他の集団からの掠奪を回避できたという点において、関銭は、いってみれば交通上の安全保障の対価でもあった。

戦国大名によって過書が出されているということは、領国内の関所を大名が統制していたことを示している。しかし実際のところ、大名領国における関所は、それ以前に比べるとはるかに少なく、おおよそ領国境目か、領国内の交通上の要地に限定されていた。それ以前において存在が確認されていた関所が、戦国大名領国ではみられなくなっている事例はかなり多い。北条氏の場合でいうと、恒常的な存在が確認できるのは、領国境目の相模西郡新城《しんじょう》（神奈川県山北町）や武蔵安下《あんげ》通役所（東京都八王子市）、相模川渡河点の当麻（神奈川県相模原市）、多摩川渡河点の関戸（東京都多摩市）、などに限定されていた。その他に、参詣の季節（通行者が激増する）や寺社修造などのために臨時の関所を認める場合もあったが、基本的にはその他の関所はすでに排除されていたと考えられる。

大名領国における交通施設維持も、本来的には地元集団の負担によるととらえられるが、そうすると大名による統制や排除などの実現は、どのような論理によっていたのであろうか。関所が存在するのは街道上であるが、そうした街道は大名も軍事行動に際して頻繁に利用するものであった。このため大名は、周辺村々に夫役を課して道路整備を命じていた。すなわちそうした主要な交通施設は、大名による維持に転化するようになっていた。だからそれまでの関所を廃止することができたのである。こうした事態は、大普請役による公共工事の転用と同じものととらえられる。

北条領国における交通図

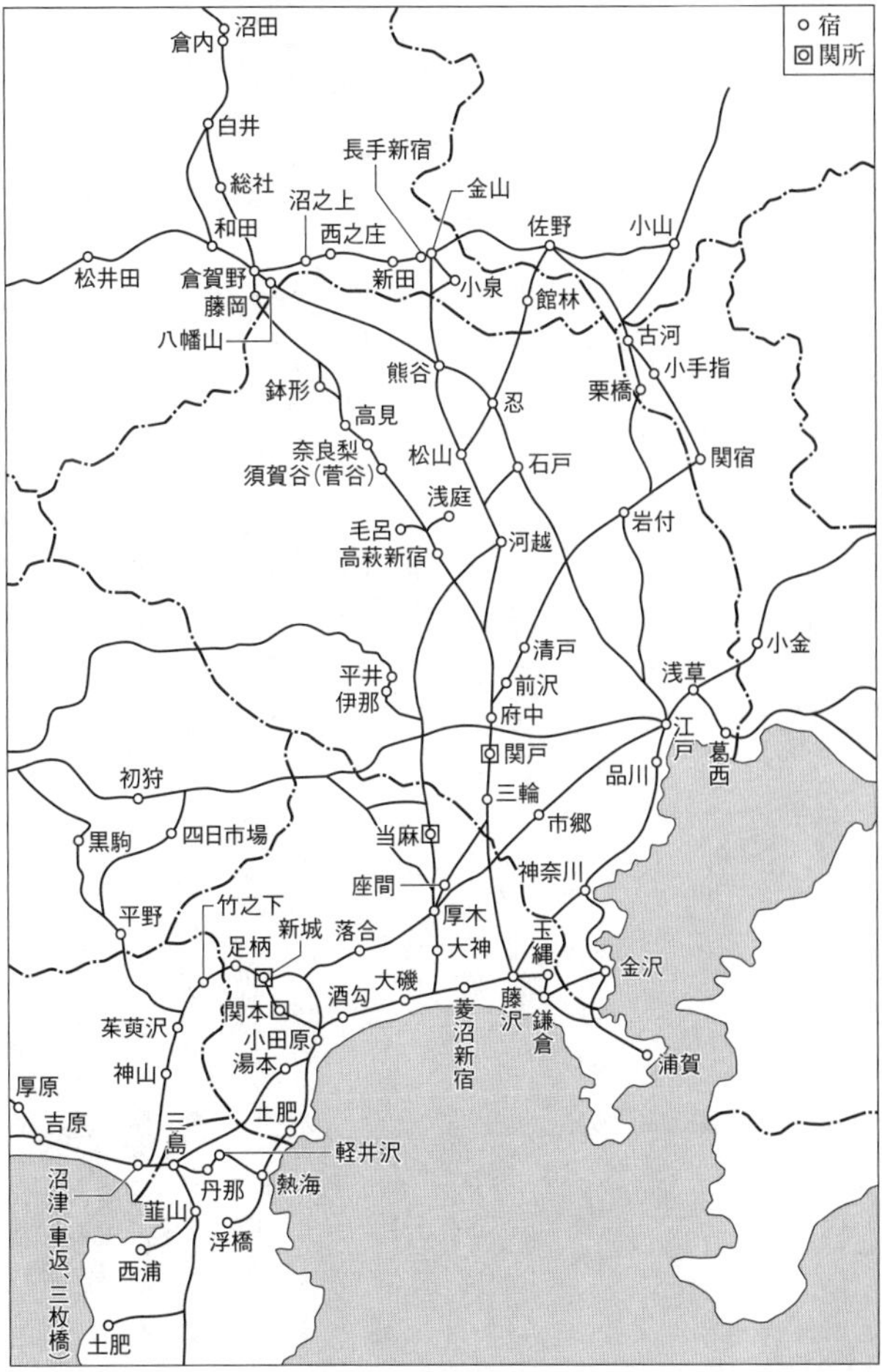

阿部浩一「伝馬と水運」(有光友学編『戦国の地域国家』) 所収図をもとに作成

そしてこのような状況がみられるようになったのは、そもそもは敵地に対する軍事行動の過程で、関所が破られ、以後における領国化のなかで、交通上の安全を最終的に大名が保障することによって、展開されたものと考えられる。これによって大名は不要な関所の撤廃を行いえたのである。また領国内の経済上の繁栄を見据えて、関所の撤廃がすすめられることもあった。天正十七年（一五八九）、北条氏政は下総佐倉湊（千葉県佐倉市）の役銭について、明確な徴収規定がなければ廃止するよう指示し、その理由として、役銭がなければ湊への来航船が増えるから、湊も周辺地域も繁昌すると述べている（戦北三四八四）。

大名が、個別の集団の利益よりも公共的な利益を優先して思考していたことがわかる。関所などにおける役銭の廃止は、そのような観点に基づいたものと理解される。逆にいえば、存続された関所などは、大名にとって領国を維持するうえでとくに必要と判断された、特別な性格のものであったとみられる。その多くが領国境目であったことから考えると、領国外への出入りに主要な関心が置かれていたことがうかがわれる。

大名による出入国管理

関所には大名から役人が派遣され、人・物の通過を点検し、課税した。役所とも呼ばれているのはそのためと考えられる。領国境目における関所では、領国への出入りが点検された。領国外への移動が禁止されている品物が決められていて、許可なくそれらの荷物を領国外に移動させようとすることがあれば、ただちに押収された。

例えば武田氏では、麻・綿・布・木綿・塩・肴について移出を規制していた。日常生活品としても軍事用としても重要な衣料のほか、内陸部である武田領国では生産できないが生存には欠かせない塩や肴が対象になっている。これは、領国内で重要な物品について、他国に流出するのを防止するための方策ととらえられる。そのため移出する場合には、武田氏からの過書が必要であった。それは通過者の手持ちの荷物であっても適用された。その場合には担当奉行人から証文の交付をうける必要があった。

それだけではなかった。隣接する大名と敵対関係になった場合には、ただちに両国をつなぐ街道は双方で封鎖され、互いに人と物の出入りは禁止された。こうした状態は「路次断絶」「通路断絶」と称されている。大名の文書にはこの表現は頻繁に出てくる。それだけこうした状態が多くみられたことを示していよう。今川氏が武田氏と敵対関係になった永禄十年（一五六七）、今川氏は駿河から甲斐への塩荷の通行を遮断したが（戦今二一四一）、これもそうした関所の封鎖によって行われた。

こうした状態になると、使者も通行することはできず、そうした場合には引き返さざるをえなかった。どうしても敵国を通過しようとすれば、それこそ街道を外れて通行するしかなかった。ただしそのようななかでも、双方で合意が成立した場合には、通行が認められることもあった。天文十三年（一五四四）、駿河河東《かとう》の領有をめぐって今川氏と北条氏は、富士川をはさんで対峙していたが、連歌師宗牧は今川領国から北条領国への移動を図った。宗牧は今川軍に護衛されながら海路ですすみ、北条方の前線拠点になっていた吉原城（静岡県富士市）近くに上陸、同城の城将で北条氏宿老の松田盛秀の陣所に案内者を派遣し、それをうけて迎えの者に引き取られている（「東国紀行」）。

この場合は、宗牧が著名な文化人であったから、通行が認められたと考えられる。宗教者・文化人などは大名領国の枠にとどまらない存在であり、一種の中立性を有していたことがうかがわれる。それらの人々は、敵対しあう大名間で和睦の使者を務めたりすることも多くみられたが、それもそのような属性に基づいてのことであったととらえられる。

同様のことは海上交通の要所である浦・湊においてもみられた。天正八年（一五八〇）、北条氏は、相模三浦郡三崎城（神奈川県三浦市）の北条氏規（氏政の弟）の家臣で伊豆田子《たご》（静岡県西伊豆町）の領主山本氏に対し、①伊勢（織田領国）からの来航船について、印判状《いんぱんじょう》の規定に違犯がある場合には、船を差し押さえて、そのことをすぐに報告すること、充分に輸送責任者と荷物を点検すること、②遠江（徳川領国）に向けて出航する船には印判状が出されているので、それを所持していない船は一切出船させてはいけないこと、印判状の文言をもとに充分に船中を点検すること、③田子浦の村人に、交替で一日中、番屋で出入りする船を検査させ、領国からの逃亡者が出ないようにすること、④「帳面」（乗員リストのようなものか）に記載された乗員以外の者や、印判状に記載された荷物の数量違犯については、氏規の宿老南条昌治に点検させること、などを命じている。そして村人がこの命令を遵守しない場合には、小代官を妻子ともに処刑し、領主に対しても科刑するとしている（戦北四七三六）。

また同十三年には、三浦郡田津《たど》（神奈川県横須賀市）に対して、①他所からの来航船についてはすぐに乗員を点検すること、帰海の際には乗員のリストを作成し、三浦郡の支配拠点である三崎城に連絡して、船手大将の梶原氏と三浦衆の山本氏から許可証を得て出船させること、②漁船であったとしても、田津の浜代官（小代官に同じ）の許可を得て出船させること、勝手に出船した場合には、船主・乗員ともに科刑する、③許可証のない他所船を出航させた場合には、浜代官を斬首する、と規定している（戦北二八三五）。

これらによって領国への出入船に対しては、浦・湊の村人をもって、人と物について監視・点検が行われていたこと、出入りが認められた荷物やその数量が規定されていたこと、が知られる。とりわけ他所船については厳しく、その乗員リストが作成されたり、許可証のない他所船の出航は厳しく取り締まられていた。乗員リストの作成は、領国からの逃亡を防止するためであったろう。これはいってみれば、領国内の労働力人口を確保し、領国外への流出を阻止しようとするものととらえられる。このように浦・湊という海上交通の拠点においても、領国に出入りする人と物の通過が、日常的に規制されていた。

こうした陸上における関所などや、海上などでの浦・湊における、領国に出入りする人と物の規制は、まさに現代における出入国管理にあたっている。ここに大名領国が、現代の国家に相当する性格にあったことを認識できるであろう。これらのことから関所などの施設は、戦国大名領国の展開にともなって、それまでにおける物資輸送の通行料の徴収や安全の保障を中心とした性格から、国境における領国内外の移動の点検を行う機能に変化したといえよう。

ちなみに中世的関所の撤廃については、織田信長が先駆けて行ったといわれることが多いが、これまでにみてきたように、誤りであることがわかるであろう。すでに「今川仮名目録」第二四条にも、「駿（駿河）・遠（遠江）両国津料、又遠の駄之口（駄賃）の事、停止」とあるように、そうした事態は各地の戦国大名によってすすめられたものであり、信長の場合もそのなかの一事例にすぎなかった。

領国をまたぐ流通

その一方で、戦国大名領国における流通は、決して領国内のみで完結したわけではなかった。それは例えば武田氏が、駿河を領国化する以前においては、塩の獲得は領国外からの移入に頼らざるをえなかったことからも、容易にうかがえるであろう。またそのことは、現代における国家についてもあてはまることである。そのため大名領国の存立において、他国との恒常的な流通関係は、不可欠の要素をなしていた。

そうした領国をまたぐ流通は、同盟関係にある大名領国間にあっては、盛んに行われていたと考えられるし、そのためのさまざまな仕組みの存在も明らかになっている。例えば陸上交通の基幹にあたる伝馬制についても、同盟関係にある大名同士では、その接続が行われていた。天正四年（一五七六）二月、武田氏は北条氏との同盟強化（その年正月の婚姻関係の形成によろう）にともなって、駿河駿東《すんとう》郡の宿に対し伝馬に関する規定を改定している（戦武二五八二～四）。そのなかで「小田原（北条氏）よりの伝馬、異儀無く出すべし」と、北条氏の伝馬手形持参者については、無条件に伝馬輸送を引き継ぐことを規定している。このようにして、互いの大名の協定により領国をまたぐ通行が保証されていた。

海上交通についても、武田氏は天正二年七月、武田領国の駿河に所属する船については、「船」朱印を押捺した手形を与えていたらしく、そのことを北条氏に通達して、運航の保証を求めている。北条氏はそれをうけて、伊豆沿岸の領主と村に対して、そのことを通達している（戦北一七一三～五）。これは大名が、領国所属の船について帰属保証を行っていたことを示している。逆にいえば、そうした手形を所持していない船は、不審船として扱われ、拿捕《だほ》の対象になっていたことになる。

領国で確保できない物資は領国外から移入されるが、それをもたらすのが他国商人であった。例えば永禄二年（一五五九）、武田氏が領国内の役所に通知した、これまでに発行している過書の書立《かきたて》には、京都・美濃・陸奥会津・駿河商人の名がみえている（戦武六五五）。さらに彼らのなかには、武田氏の一門・家臣の被官になることによって、過書を獲得する者も存在していた。これもそのような関係を持つことで、武田氏との安定的な関係を築き、さらに過書の獲得など、交通上における便宜を得るためのものと理解される。

また北条氏の場合、京都を本拠とする御用商人に左近士《さこんし》氏がいたが、その一族は、北条氏の家臣になっている（「役帳」）。一族を家臣とすることで、双方の安定的関係の構築が図られていたのであろう。あるいは北条領国に対して、伊勢船の来航（戦北六八二）、紀州船の来航（戦北二九四二）、さらには唐船の来航（戦北二〇二三・三八六七など）の事実を知ることができる。想像以上に、広域にわたる交易が展開されていたことがわかる。

それら他国の商人の他に、日常生活のなかで領国をまたぐ活動を行っていた者に、領国境目の住人があった。そうした商人たちは、双方の大名との間に奉公関係などを結んで、生業を展開していた。安房・上総半国を領国とした里見氏の領国内に位置した上総天神山（千葉県富津市）の鋳物師《いもじ》商人の野中氏は、東京湾対岸をも商圏としていた。そうして永禄十年二月には、敵対する北条氏の御一家衆で、相模三浦郡を支配した北条氏規から、武蔵久良岐郡金沢《かねさわ》と小机領神奈川（神奈川県横浜市）の津への来航を認める朱印状を獲得している（戦北一〇一二）。おそらくそれへの対価として、氏規に対して何らかの奉公があったとみられ、そうした関係を築くことによって敵国の商人の来航も可能であったことがわかる。

あるいは北条領国の駿河口野五ヶ村（静岡県沼津市）のうち多比《たび》村の土豪であった松本氏は、北条氏重臣の板部岡康雄《やすかつ》の被官になっていたらしく、その板部岡氏の名義で、武田領国の駿河における諸浦での魚商売において、船一艘分の諸役免除を認められている（戦武二八〇四）。これは松本氏が、自身の所有船を、板部岡氏の被官船というかたちをとって、武田領国に商売のため出入りしていたことを示している。板部岡氏を通すことで、他国での商売における諸役免除という便宜を獲得していたものとなる。

しかしまた、双方の大名が敵対関係になると、先にみたように「通路断絶」となって、流通の維持は難しくなることも事実である。そうしたなかでの流通維持の仕組みとして注目されるのが、「半手《はんて》」という中立地域の創出となるが、これについては第六章で取り上げる。

荷留めと道留め

流通・交通が断絶されるのは、何も敵対関係となった領国外との間のことだけではなかった。

実は領国内においても、かなりの頻度で、特定の荷物について流通が規制されることがあった。こうしたことを「荷留め」と称している。

例えば天正八年（一五八〇）十二月、武蔵鉢形領の北条氏邦は、北接する本庄領への塩荷通行を規制している（戦北二二〇二）。すなわち鉢形領から、本庄領への塩荷の流出を規制するというものである。本庄領は忍成田《おしなりた》氏の領国で、北条氏に従属する国衆であった。そうするとこの時、氏邦は、味方の国衆領国への塩荷通行を規制したことになる。その理由は明確ではないが、当時、鉢形領は隣接する武田氏と交戦状態にあったから、領内における塩の確保を図ったのであろうか。

またこの規制の実現は、領国境目の村に通達していることから、村を単位に行われたものであった。通行規制は、関所などの役所におけるものにとどまらなかったのである。そうするとその前提には、村による独自の通行規制があったことがわかる。街道が村のなかを通っている場合、村は村境に木戸などの施設を設け、夜間などは木戸を閉じて通行を遮断していた。したがってこのような大名・国衆の通行規制は、そうした村の力量に依拠したものであったとみることができる。

あるいは天正十一年十一月、北条氏は西上野《こうずけ》に対して「兵糧留め」を行っている（戦北二七四二）。この時、西上野は北条氏の領国であったから、北条氏は、領国内の一部に対して「兵

北条氏邦による塩荷通行規制の関係図
（村名は規制を命じられた村）

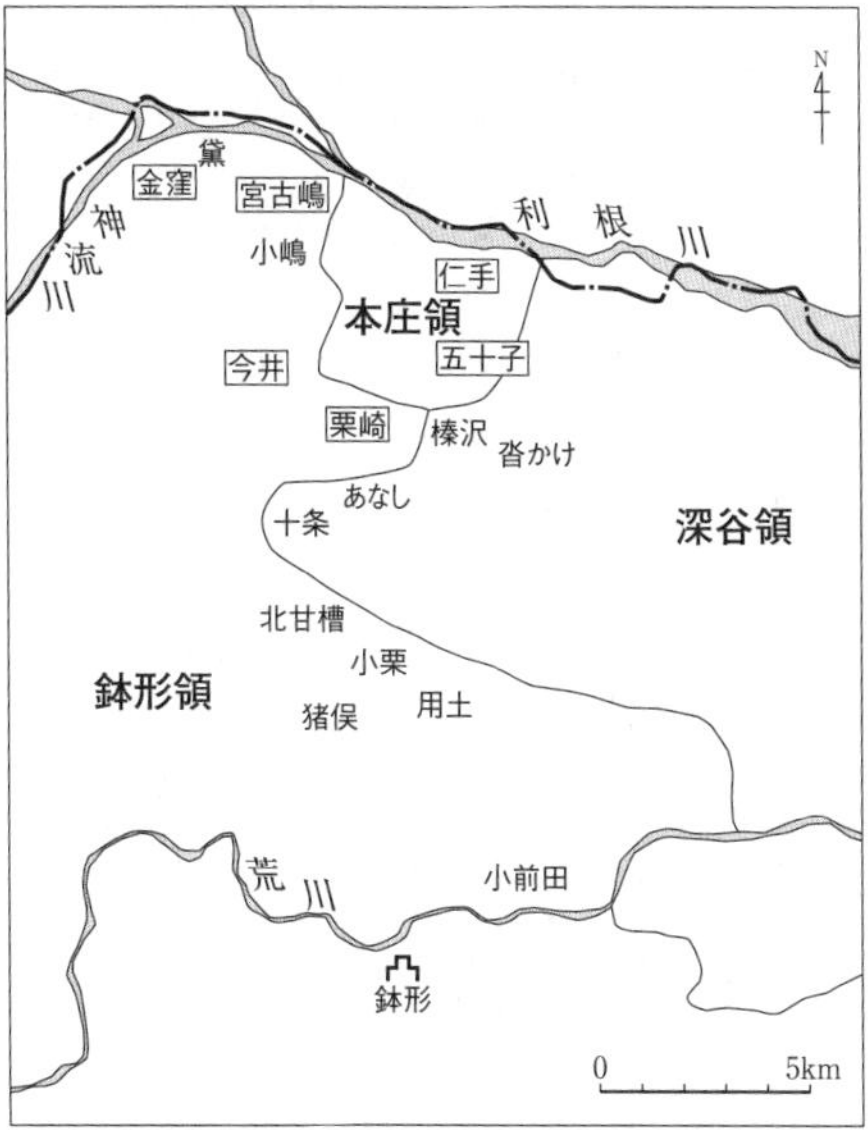

糧留め」、すなわち穀物の移動を規制したことになる。この時期、北条氏は、東上野新田領の由良氏、館林《たてばやし》領の長尾氏と交戦状態にあったから、この兵糧留めは、それらへの最前線地域となる西上野における穀物の確保、同時に敵地への穀物の流出を阻止しようとしたものと考えられる。このように隣接地域との戦争の展開にともなって、敵国ないしその近辺地域に対して、重要物資の移動規制が行われていたのである。いわば現代における経済封鎖といってよい。

　それだけではなかった。軍事行動などの際には、主要街道において人・物の移動そのものを規制することがあった。こうしたものを「道留め」と称している。通行そのものが規制されるのである。これは軍勢の通行を優先させるためと考えられ、街道上の役所や要地などにおいて通行が規制されたらしい。現代でも、外国の要人が訪れた際に、首都高速道路を封鎖してその移動が行われることがみられるが、それと同じようなものといってよいであろう。

軍事行動そのものの場合ではないが、例えば天正五年と推定される六月、北条氏は従属する国衆の下野《しもつけ》佐野氏に使者を派遣する際、小田原から武蔵岩付（埼玉県さいたま市）までの経路について「道留め」を行っている。こうした場合、原則として他の通行は規制されたようだが、北条氏から過書を与えられていた者のみ、通行が認められたらしく、その場合には、役所の役人が案内者として、次の役所まで同行している（戦北一九一八）。この場合は使者の通行にともなうものだが、軍事行動においても同様であったと考えられる。

軍事行動はそれこそ一年のなかでも何度となく行われるから、そうするとこうした通行規制は頻繁に生じていたことになる。そのたびに基本的な流通・通行は規制されたことがうかがわれ、この時代における流通事情は、意外と断続的なものであったと考えられる。そうした状態のなかで、そこを通行できたのが、大名と一定の奉公関係を結んで過書を与えられた者ということになる。それこそが通行規制が行われているなかで、唯一通行が実現される方法であった。そうすると他国の商人などが、大名に何らかの奉公をして過書を獲得していたことも、生業を行ううえでの必要な措置であった、と理解される。

宿と市

先に伝馬制について述べたところで、伝馬を負担するものとして宿《しゅく》の存在について触れたが、ここでその宿について、もう少し詳しく取り上げることにしたい。宿は主要街道に設置されたもので、その認定は大名によった。しかしその前提には、地元有力者による設立・維持があり、大名に伝馬役を負担することによって、大名から宿として認められた。伝馬役とは、先にも少し触れたように、宿と契約する輸送業者に、人と馬によって次の宿まで物資を輸送させる負担である。宿では、輸送業者による伝馬勤仕が義務になっていた。

伝馬役は宿に対して課され、各宿ごとに一日における伝馬負担数が決められていた。例えば永禄五年（一五六二）、武蔵由井領（のち八王子領）平井宿（東京都日の出町）の場合では、平常時は三疋であったが、軍事行動の際は一〇疋の負担が命じられている（戦北七六七）。これを超えたものについては有賃となったが、負担そのものについては回避できなかった。宿にこの負担が課されたのは、軍事行動の際の大規模な物資輸送のためであった。天正十三年（一五八五）、相模東郡当麻下宿（神奈川県相模原市）では、軍勢の帰陣に際して六〇疋を用意している（戦北二九七二）。

ではなぜ宿はこの伝馬役を負担したのかというと、これによって街道上における輸送業の営業を承認されるからであった。逆に宿でなければ、輸送業を営業できなかった。輸送業を営むものは宿と契約し、通常の輸送では駄賃が支払われる。そのためこうした輸送業を駄賃稼ぎともいっている。そして宿において伝馬役を差配するものを「問屋《とんや》」と称した。宿の有力住人で周辺の輸送業者と契約し、彼らに伝馬役を負担させた。

この宿問屋は、もともとは商人問屋（商人の宿泊施設）が起源であった。商人は商品を携えていたが、その輸送は業者によって行われる。そのため問屋と輸送業者の繋がりが生じたのである。そして輸送は宿間に限定され、次の宿で、その宿と契約している輸送業者に交替された。その際には、荷物の積み替えが行われた。これを荷替えという。輸送はこのようにして宿を継ぐかたちで行われたので、こうした輸送の形態を宿継といっている。また荷替えの際には手数料が生じる。これが宿の利益になった。

したがって宿として認められないと、商人の宿泊もなく、また輸送業も行えなかった。そのため街道上に存在した、輸送業者を抱えている村同士では、宿の地位をめぐって競合がみられていた。その競合での勝利を確定するものこそ、大名への伝馬役負担による宿の認定であった。

宿の住人は町人《ちようにん》と称され、村の百姓とは区別された。それは大名に対して負担する役の性格の違いに基づいていた。町人は宿の構成員で、宿は伝馬役などを負担し、対して百姓は村の構成員で、百姓役（年貢など）を負担した、という具合である。町人の多くは商人問屋であったとみられるが、商人・職人も多くを占めていた。この商人・職人というのも、大名に対して負担する役に応じたものであり、商人は商売物役を負担し、職人は職能に基づく負担を行っていた。それらは民間のなかでの役割分担として、すなわち社会的分業の展開によるものであったが、大名はそれらに対応した役を負担させることで、社会的分業に依拠した身分編成を展開していたことがうかがわれる。この動向が、江戸時代における身分制の基本をなしていくのである。

宿では市も開催された。これも大名から保証をうけた。その代替として商売役（営業税）を納入した。市は、宿だけでなく寺社門前にも立てられたが、宿の市の場合では、北条氏によって開催日が保証されている。多くは六斎市（一ヶ月に六回の定期市）としての形態がとられていた。北条領国における初見は天文二十二年（一五五三）のことで、上野高山（群馬県藤岡市）に対するものとみられ、四と九の付く日の市開催を承認している（戦北四三六）。この場合では毎月四日・九日・十四日・十九日・二十四日・二十九日に市が開催されることになる。

このような六斎市は、近隣に日付をずらしながら存在していた。例えば、隣の市では三と八の付く日、また別の市では二と七の付く日に市が開催される、といった具合である。これによって毎日、数キロメートルの範囲のなかで市が立てられる状況が作り出されていた。当時の商売は、移動商人によるものであり、市日にそれら商人が参集した。逆に、市以外での商売は、宿の町人や商人中間《なかま》によって禁止されていた。違犯者に対しては、宿の町人らによって、違犯商人の荷物を差し押さえる質取りなどの報復が行われた。

天正九年（一五八一）、武蔵松山領の国衆・上田氏は、城下の松山本郷（埼玉県東松山市）に対し、本郷の市以外での商人による買い取りの禁止を保証している（戦北二二七三）。そこではとくに、松山領の村の者が、市を通さないで他所商人に商品を売却することが問題とされている。そして買い手が松山領の商人であれば、改易の処分とし、またそのような売買によって他領に流出した荷物に対する、本郷町人による差し押さえについても承認している。翌十年には、それに抵抗する者に対しては打ち殺しまでも許容している（戦北二三九四）。

この場合は、国衆本拠の城下市であったから、恒常的かつ大規模なものであったとみられるが、こうした市を通して商売させることの強制は、宿町人や商人中間によるナワバリの維持によるとともに、大名・国衆にとっては軍事物資の領外移出防止のためでもあったと考えられる。またこのことから、市での販売は移動商人の他、周辺の村人によっても行われていたこと、村人が販売する場合には出入りする市が決まっていたとみられること、また商人による買い取りについても、市によって行われるべきとされていた状況もうかがわれる。

戦国時代の市の多くは六斎市であったが、このような市は近隣の村人が利用するものであった。したがってその規模は、恒常的に存在した大名・国衆本拠の城下市などとは異なって、小規模であった。そのような小規模市の存在は、戦国時代になってから顕著にみられるようになっている。そしてこうした市場は、村の百姓、なかでもいわゆる小農のために存在したと考えられている。したがってその多さは、小農の展開にともなうものとみることができる。そうすると戦国時代における多数の市開設は、「村の成り立ち」の安定化を意味していることになろう。

楽市と楽座

市場には、不特定多数の人々が集う。その結果として生じるのが、さまざまなトラブルであった。そのため、宿にとっては市における秩序維持が課題となっていた。本来はそうしたトラブルは、宿の町人によって解決が図られた。しかしながら大名や領主の被官による秩序破壊、あるいはトラブルへの介入に対する対処は、支配者への抵抗ともとられかねないから、充分には対処できない場合があった。

そのため大名に、そうした市における秩序維持が求められた。大名は宿に対して、市における押買・狼藉、喧嘩・口論、国質・郷質、債務の催促などの禁止を保証した。押買・狼藉というのは、無理矢理に売らせることをいい、喧嘩・口論は文字通りのものであるが、口論が昂じて、武器を用いた喧嘩に発展していた。国質・郷質というのは、広域地域（「国」）や村（「郷」）を単位にして、質取りなどの報復を行う行為をいい、債務の催促は、市で債務者から取り立てる行為をいった。いうまでもなくこうした行為は、容易に紛争化するものであった。互いに武器を用いた紛争が生じると、それぞれに加勢があったりして、たちまちに争乱化することになる。それでは市での商売どころではなくなるだけでなく、宿が一種の戦場と化してしまうことになる。そのため宿の町人は、そうした行為に対して、宿の武力によって対応した。さらにそのように秩序を乱す存在が大名・領主の被官であったとしても、宿の町人による解決が認められた。こうした町人による、自力による秩序維持については「町人さばき」と称されていた（戦北二九二四）。このことから大名は、市における平和確保にあたっては、町人によるこの「町人さばき」を前提にして、秩序維持を図っていたことになる。

さらに大名は、市場における諸役（商売物役）を免除している。これは商売をすることに対して課税されていたもので、室町時代までは市の主催者や、それを保護する領主に納入されていたものであった。市の主催者や領主は、上記のような紛争に対処し、市における安全保障を担っていたが、商売物役の納入はそれへの対価にあたっていた。かつての関銭などと同じ論理によるものといってよい。

それが戦国大名領国では、免除されるようになっていた。北条領国における初見は天文十九年（一五五〇）のことで、北条氏に従う武蔵世田谷吉良氏が、領内の上小田中市場（神奈川県川崎市）に対して、居住者について諸役・公事の免除を認めている（戦北三八五）。このようにして、それまで市における安全保障の対価であったはずの商売物役が免除されるのが通例化していった。これを「楽市」と称した。このことは、市場における安全保障については大名・国衆が最終的に担うものであることを意味している。

また商売には、商品種ごとにナワバリがあり、室町時代までは、「座」という同業者組織によってそれらの営業は特権化されていた。座の加入者は、市場での座役銭を、座を支配する領主に納めていた。これについても戦国時代になると、大名・国衆がそれらの営業について最終的に保証する存在となり、その対価として商人に対し、商売物役の納入や種々の奉公が求められるようになった。

さらに同業者のうちで、それらを統括する商人を商人頭に任じて、商人に対する統制を行った。商人頭はそれらの商人から商売役を徴収し、それを大名に納入したのである。このようにして大名領国においては、大名に役を負担しなければ営業できない構図が構築されることとなった。

そのうえ「楽市」ではかつての座役銭も免除された。これを「楽座」と称した。これによって近辺の村人などは、誰でも市に売りに行けるようになった。ただしその場合でも、特定の座で販売した。したがって「楽座」というのは、同業者集団としての座の解体ではなく、座役銭の廃止をいったととらえられる。

この後における座は、同業者組合のようなものとなっていった。また他所商人については、何でも自由に商売することができるようになったわけではなく、江戸時代の事例をみても、市によっては取り扱い商品種が規制された場合もあった。

したがってこれについても、役というものが安全保障の対価であり、それを大名が保障することによって、それまでの役が廃止されるという、関銭や商売物役などの場合と同質の構造によるものとして理解される。一般的には「楽市・楽座」政策は、織田信長によって始められたもので、近世社会への展開をもたらす要素の一つとして取り上げられることがあるが、これまでにみてきた通り、そうした理解が誤りであることがわかるであろう。すでに戦国大名もそのような政策を展開していたのである。

さらにいえば、そもそも「楽市・楽座」は、宿の繁栄のために、居住者を増やすことなどを目的にして、宿の要望から生まれたものとして理解される。例えば戦国時代初めの永正元年（一五〇四）、紀伊粉河市（和歌山県粉河町）では、米座の枡取り（米の計量）を村側で行うこととし、そのため手数料としての「筵付《むしろつき》」も出さないことが、村と座との間で取り決められている事例があることをみると（「王子神社文書」）、すでに宿・市独自に「座役」を廃止していく動きがあり、大名の「楽市・楽座」の政策は、そうした動向を追認したものとして理解するのが適当であろう。

撰銭の対策

商売に付きものの貨幣であるが、戦国時代、貨幣の中心をなしたのは中国製の銅銭であった。それには数十種類があったが、いずれも一枚一文にあたった。しかし一五世紀末、中国での銅銭鋳造の停止、飢饉や戦争による流通の混乱、不足する銭貨を補うための私鋳銭の増大により、銭種による差別化が頻発するようになった。この現象を「撰銭《えりぜに》」と称している。撰銭された銭種は、それそのものが銭貨として機能しなくなったり、あるいは他の銭貨と等価通用しなくなる、という事態が生じた。そこではおおよそ、精銭（上銭、一枚一文で通用）、地悪銭（中銭、一定の混合が認められるもの）、悪銭（流通から排除されるもの）の三階層に差別化された。

戦国甲斐の年代記である「勝山記」をみていくと、どのような銭種が撰銭されるのか、他の銭貨との交換比率はどのくらいであったのか、などといった撰銭の程度や、それが発生する時期や地域はさまざまであったことがうかがわれる。撰銭は決して一律的なものではなく、また継続的なものではなかった。そしてその発生時期に注目してみると、そのほとんどが飢饉の時の端境期にあたっていた。そのため撰銭の背景には、飢饉とそれによる穀物不足、穀物の流通停止という事態があったとみられる。いわば穀物不足が、銭貨の差別化を引き起こして、一種の価格調整をもたらしていたと理解されるであろう。

大名・領主に対する年貢・公事の納入は、精銭によるものとされていた。精銭こそ、撰銭現象のなかでも、普遍的に通用する銭貨であったからである。しかし撰銭が発生すると、市場では精銭不足が生じるから、村では必要な分の精銭を調達できず、結果として未進が増大することになった。それでは大名・領主も困ることになる。収入が減ることになるからである。そのため戦国大名は、自らの財政を維持するためにも、撰銭への対応を余儀なくされた。

北条氏の場合でみると、天文十九年（一五五〇）から撰銭への対策に取り組んでいる。そこでは悪銭のみについて撰銭を容認するものの、地悪銭については撰銭を禁止している（戦北三七三）。精銭だけでは明らかに貨幣不足となるからであった。しかし弘治三年（一五五七）の天候不順による不作を背景にして、撰銭が継続的に発生していくようになる。そのため永禄元年（一五五八）には、納入銭への地悪銭の混合を容認する一方、それらの銭貨の通用を促すため、さらに市場売買にも関与し、その適用を求めていくようになる（戦北五八〇）。

もともと地悪銭の一定割合の混合は、在地において行われていた。しかし納入銭は精銭によるる納入を原則としていたので、市場の実態と乖離したものとなっていた。この北条氏の対策は、市場の実態に対応しようとしたものととらえられる。しかし翌二年になっても状況は収束せず、そのため地悪銭の混合率について二五パーセントと規定し（戦北六二三）、同三年にはさらに混合率を三〇パーセントに引き上げている（戦北六三三）。

しかし同七年、「世間」すなわち市場では、売買において通用する銭貨は精銭のみとなってしまった。地悪銭や悪銭は、貨幣として流通しなくなってしまったのである。そこでは納入銭に地悪銭の混合を容認する意味がなくなったため、これをうけて納入銭については精銭限定に戻している。しかし、それでは精銭不足のなかで未進が増大するだけであるため、精銭調達ができない場合の代替措置として、現物納を認めるにいたる（戦北八六三）。

実はこの現物納を認めるという方法は、永禄三年の徳政令の際、その年の年貢納入について適用された方法であった。それがこの永禄七年から、適用対象を限定しつつも、恒常的に導入されることになったのであった。そしてこれより以後、精銭不足という事態はまったく解消されなかったため、適用される対象は拡大されていき、永禄年間末には年貢・公事のすべてに現物納が展開していくことになる。

ちょうど同じ時期、畿内近国では取引基準表示について貫高から石高への転換が起きている。富の表示基準そのものが、銭貨から穀物に転換したのである。そして同じように、現物納が展開していった。これが江戸時代における石高制、現物納へと続いていくことになる。現物納の採用にともなって、基準高と現物との換算数値の規定が必要になる。北条氏もその規定を毎年定めるようになっており、それを「納法《おさめほう》」と称していた。事情は江戸時代でも同様であった。

このことからも、石高制が決して戦国時代における納入制度と異質のものであったわけではなかったことがわかる。

また納入方法が変わったからといって撰銭がなくなったわけではなかった。織豊政権以降、金・銀も基本貨幣に加わっていったものの、いうまでもないが銭貨の通用がなくなったわけではなかったからである。撰銭状況の克服に関しては、江戸幕府による貨幣鋳造とその全面的展開に求められることが多い。しかし、貨幣鋳造後においても撰銭は生じており、それは一七世紀後半まで続いている。したがって貨幣鋳造とその展開が、撰銭の克服理由ととらえることは難しいであろう。ちょうどその時期まで、戦国時代を覆っていた慢性的飢饉状況が続いていたことからすると、やはりその背景には飢饉状況があったとみるのが適当であろう。

それともう一つ、江戸時代におけるいわゆる金・銀・銭の三貨体制の展開にともなって生じた現象に、為替相場の変動がある。これは地域や時期によって、相互の為替が変動するという現象である。現代の為替相場と同じようなものである。実は撰銭はなくなったが、その後はかつてと同じ飢饉を背景にして、為替相場の変動がみられていくのである。また江戸時代には地域貨幣が流通していくが、これが飢饉の際には地域によって通用停止になるという現象がみられている。これこそ撰銭と同じ事態といってよい。飢饉や穀物流通事情によって貨幣流通に混乱が生じるという事態は、戦国時代も江戸時代も本質的に変わりはなかったということであろう。

徳政と人返し

撰銭とならんで戦国時代に頻発した経済的な社会現象に、徳政がある。徳政とは本来、徳のある政治、という意味であったが、一三世紀後半から、債務破棄の意味に特化して用いられるようになっていた。ちなみに本来の「徳政」の意味については「善政」という語が用いられるようになっている。この徳政という現象も、飢饉の展開に関連したものであった。

徳政というと、政治権力が発令する徳政令だけを思い浮かべがちになるが、当時における徳政は、必ずしも政治権力に限定されていない。村レベルの政治団体や個別の領主を単位にした徳政も行われていた。しかもその前提には、徳政状況ともいうべき、事実上の徳政の実現がみられていたと考えられる。一五世紀に京都・奈良などの都市で頻発した徳政一揆では、一揆のなかで債務関係の破棄がすすめられ、室町幕府の徳政令はその事後に、事態収束策として出されたというべきものであった。

戦国時代でも、戦国大名によって徳政令が発せられているが、やはりその背景には飢饉があり、また戦乱があった。北条氏でも、東国の広い範囲で飢饉が生じていた最中の永禄三年（一五六〇）二月・三月に、領国を対象にして大規模な徳政を施行している（戦北六二三～四）。そこでは借銭《しゃくせん》・借米《しゃくまい》という一般的な債務の破棄、債務不履行によって身代《みのしろ》に取られていた妻子らの取り戻し、年期売買田畠の年期短縮による取り戻しなどを認めている。

このうちとくに注目されるのが、妻子・下人ら労働力の取り戻しである。これらは「人返し」とも称された。北条氏康は翌四年、この時の徳政の内容を象徴する重要な政策としてこの「人返し」をあげている（戦北七〇二）。妻子らは農耕の際に重要な労働力であり、その欠如は労働力不足による耕作面積の減少をもたらし、「村の成り立ち」を危機に陥れるだけでなく、ひいては大名・領主への納税の減少をもたらし、領国の存立そのものを危機に陥れるものとなるからだ。

「人返し」については、これまではもっぱら、隷属民や被官の主人からの逃亡や、年貢・公事の未進百姓の領主からの逃亡などがあり、それらを元の主人や村に連れ戻す行為として考えられてきた。それらの逃亡は「欠落」（「走り」）と称され、確かにそのような現象は存在し、それに対する「人返し」も行われていた。そうした逃亡は、主人敵対・領主敵対として処罰の対象とされていたからである。

しかし「人返し」は、そのような逃亡に対してのみ行われた現象ではなかった。近年では戦争において人身の掠奪があったことが広く知られるようになってきた。それに関わって、終戦後にその返還が政治課題にあげられていたことも知られており、そこでの返還についても「人返し」と称されていた。すなわち「人返し」のなかには、掠奪民の返還もあったのである。さらに「人返し」には、先にみたような債務破棄にともなう人身の取り戻しも含まれていた。したがって「人返し」については、こうした掠奪民の返還や債務破棄にともなって行われるものを、充分に組み込んでとらえていくことが重要であろう。

「人返し」を承認するのは大名・領主であり、それは現在の主人や居住村から、元の主人（「本主」）や元の居住村（「本村」）への帰還を認め、現在の主人や村に手放させるものであった。その前提として、当人・本主などから帰還の申請が出されており、大名・領主がそれを承認したものであった（戦北二一七二）。これら人身の帰属は、領主同士の紛争の主要な要因になっていた。大名領国では、家臣による自力解決は凍結されていたから、必然的にこれらの問題については、大名の裁判によって解決が図られた。本主や本村から大名に対して要請が出され、大名がそれを承認することで「人返し」が実現された。

また北条氏では「人返し」について、統一的な規定を設けていたことがうかがわれる。永禄元年（一五五八）、北条氏は古河公方家宿老の簗田《やなだ》氏に対し、氏綱の代には「人返し」を認める期限を「欠落」してから一〇ヶ年としていたが、武蔵・上野の国衆たちには五ヶ年に変更したことを通達している。そこでの対象者は「欠落」が主になっているが、簗田領からの欠落者で北条領国に移住した者については、その期限内で返還すること、逆に他領の者で簗田領に欠落した場合については、本主に返還するように指示している（「簗田文書」）。これはいわば「人返し」の相互協定といえるものであるが、戦国大名領国では、大名に従属する国衆に対して、大名の規定が一律に適用されたこともわかる。

ただし特殊な事情にあったのが、古河公方領であった。永禄三年の徳政の際、古河公方領であった武蔵小机領子安郷（神奈川県横浜市）では、領主の公方足利義氏から、子安郷から他所へ売買された下人についてはすぐに取り戻していいが、逆に他所から子安郷が買い取った下人については、返還する必要のないことを認められている（戦古八四五）。これは北条氏の法令内容に明確に抵触するものであったが、古河公方領については、こうした返還義務は適用されなかったことがわかっている。

そしてここで返還が話題となっている下人たちは、いずれも売買によって移動してきた者たちであったことがわかる。多くは債務不履行にともなう、質入れ・質流れの結果としての売買によるものであったと考えられる。北条氏は先の徳政令において、どんなに年期が経っている妻子・下人であっても「人返し」の対象にした。これは対象期限を五ヶ年とした永禄元年令からは、大きく踏み出した内容といえるであろう。氏康がその施策を誇っているのも頷ける。それだけ債務の結果としての妻子・下人の売買が広くみられており、「村の成り立ち」のうえで大きな問題になっていたことがうかがわれる。

第四章　戦国大名の行政機構

地域支配の構造

北条氏や武田氏など、領国が数ヶ国にわたるような大名になると、大名家当主がそれら領国のすべてに対して、直接に統治にあたることは難しくなってくる。そうして登場してくるのが、領国を構成する行政単位ごとに支配権を委ねていく、いわゆる地域分権化の動向である。この状況は戦国大名の支配機構を理解するうえで極めて重要な要素となっている。そしてそれらの地域支配を統合するかたちで、大名の領国支配が成立していた。この章では、こうした戦国大名の領国支配を実現する、行政機構の仕組みについて取り上げることにしたい。

なおその際、制度を成り立たせるものの根幹に位置していたのが、第一章で取り上げた寄親寄子制に基づく軍団編成と、第二章で取り上げた「国役」公事である。それらについて最もよくわかるのは北条氏であった。そのため行政機構の在り方についても、必然的に状況が最もよくわかるのは、北条氏の場合となる。他の大名については、その北条氏における仕組みを基準にしながら解明がすすめられているのが現状である。したがってここでも北条氏の場合をもとに述べていくことにしたい。

領国が広域化してくると、大名本拠のみによって防衛していくのは無理となり、他にも軍事拠点が設けられるようになるのは必然であろう。それら軍事拠点は、いうまでもないが軍事的緊張への対応のために構築・維持されたのであり、その状況が解消されれば維持する必要はなくなり、たいていは廃棄されていくことになる。しかしそれらのなかで、周辺地域に対する行政支配を管轄するようになって、軍事的緊張とは関係なしに恒常的に維持されるものがみられるようになってくる。そうした城郭を支城といい、この支城が、大名領国のなかにおける軍事・行政の地域支配拠点として位置した。そして支城が行政支配を管轄する支配領域については、「郡」「領《りょう》」などと称された。

支城の維持にあたっては、周辺地域の村の負担があてられた。第二章で取り上げた、維持のための土木工事・建築にあたる大普請役や、備蓄される兵糧米を供出する城米銭、さらには一定部分の修築を請け負った「末代請切普請」などがあった。そのような城郭を維持するための諸役の負担範囲が、同時にその支城が行政を管轄する支配領域をなした。そして支城に在城して、支城維持のための軍事行動を担うとともに、管轄領域に対する行政支配にあたったのが、「衆」であった。その内容については、領域の性格によって異なることもあるが、領域に対する諸役（普請役など）の徴収、裁判権・検断権の行使などがあった。このように支城が一定の行政支配を管轄する支配領域を、支城領と称し、そのような行政制度を、支城領制と称している。

逆に大名家当主が、直接に領域支配にあたる領域については、直接支配領域と定義される。

これを直轄領と呼ぶ研究もあるが、それでは御料所としての直轄領と区別できなくなるので、迂遠な表現ではあるが、直接支配領域と称するのが、無用な混乱を招かず適当であろう。さらに支城領のなかには、大名家当主が支配に関与する領域とそうではない領域も存在している。それについては後に詳しく取り上げる。

また戦国大名領国を総体として表現する呼称に「惣国」という語がある。これは直接支配領域と支城領だけでなく、大名に従属する国衆の領国をも含んだ呼称である。国衆については第五章で取り上げるが、その領国支配に北条氏が直接に関与するということはなく、その領国では国衆によって独立的な支配が展開されていた。したがってこの章で対象となるのは、あくまでも北条氏が直接的に領国支配にあたった、直接支配領域と支城領ということになる。

それでは郡や領などの個々の支配領域は、どのような背景で形成されたのであろうか。「郡」などの表記にこだわると、淵源をたどれば古代律令制における地方行政制度である国郡制にたどりつくということも可能であるが、実際のところは中世に入って大きく変化していた。郡が行政単位として機能する場面はほとんどなく、単なる広域地名表記のようなものになっている。しかも名称も変化したり、境目すら変化している場合も珍しくはなかった。また中世になると、荘園が一つの領有単位として機能していくが、これも後期の室町時代になると、本来の意味が失われて、郡と同様の広域地名表記になっていく場合が多かった。したがってこれらを、律令制以来の国郡制や中世荘園制の継承、あるいは規定ととらえることは到底不可能であり、意味がない。大事なのは、それぞれの時期においてそうした郡・荘の枠組みがどのような機能を果たしたのかを追究することである。

この問題に関しては現在、充分に解明はすすんでいないといってよい。ただし室町時代のなかで、それまでとは異なる郡の枠組みが形成され始めていたことは確かといえる。例えば相模国では、旧来は足柄上下・大住・余綾・愛甲・津久井・高座・鎌倉・三浦九郡であったが、室町時代後期の一五世紀になると、足柄上下郡が「西郡」、大住・愛甲・高座・鎌倉四郡はあわせて「東郡」と称されるようになっている。その背景は明確ではないが、当時の関東を支配した政権である鎌倉府の支配の在り方に関連しているのではないか、と推測されている。

そしてそれが一五世紀後半からの戦国時代に入ると、東郡から「中郡」（大住・余綾・愛甲）が分けられて、西郡・中郡・東郡・奥三保（津久井）・三浦の五郡になっている。その背景についてもやはり明確になってはいないが、中郡の成立には三浦氏の領国化、奥三保の自立化には扇谷《おうぎがやっ》上杉氏による領国化があったと推測できる側面がある。そうすると、室町時代からみられる新たな地域的枠組みの形成には、その時期における政治権力の地域支配の展開が深く関わっていたことがうかがわれる。この状況は戦国時代にも継承され、複数の郡や荘を超えた支配領域が形成された場合に、領などの地域呼称が用いられた。その場合、玉縄・江戸などのように、領域の拠点となる城郭名が冠されることが多かった。

そうすると、郡・領などの支配領域は、ある特定の政治権力による領国化、あるいは軍事・行政の地域支配拠点を中心にした領域形成にともなって展開したものとみることができ、すなわち領域権力の展開に対応したものといえることになる。このことは、領域権力とその支配の対象となる地域の一体性を表現するものといえ、同時に、戦国時代における地域の自立状況を示している。したがって戦国大名領国における分権化というものも、その動向に基づく事態であったといえるであろう。

領域支配者の階層性

北条氏の領域支配の単位になっているのは、先にも触れたように「郡」「領」である。「郡」は、北条氏当主の直接支配領域において、「国役」公事の賦課・徴収を基準として設定されている領域にあたっている。その場合、旧来の郡を超えた領域の場合には、「郡」とは表記されない場合もある。「江戸」「河越」といった領域がそれにあたっている。「領」は、当該領域の領域支配者の「知行分」が、そうした「郡」の機能と一致している領域、もしくはその旧領にあたっている。それらの領域の性格は、「国役」公事の賦課・徴収の在り方、領域支配者の知行制の在り方によっておおよその区分がされていたとみることができる。

伊豆・相模・武蔵における領域区分

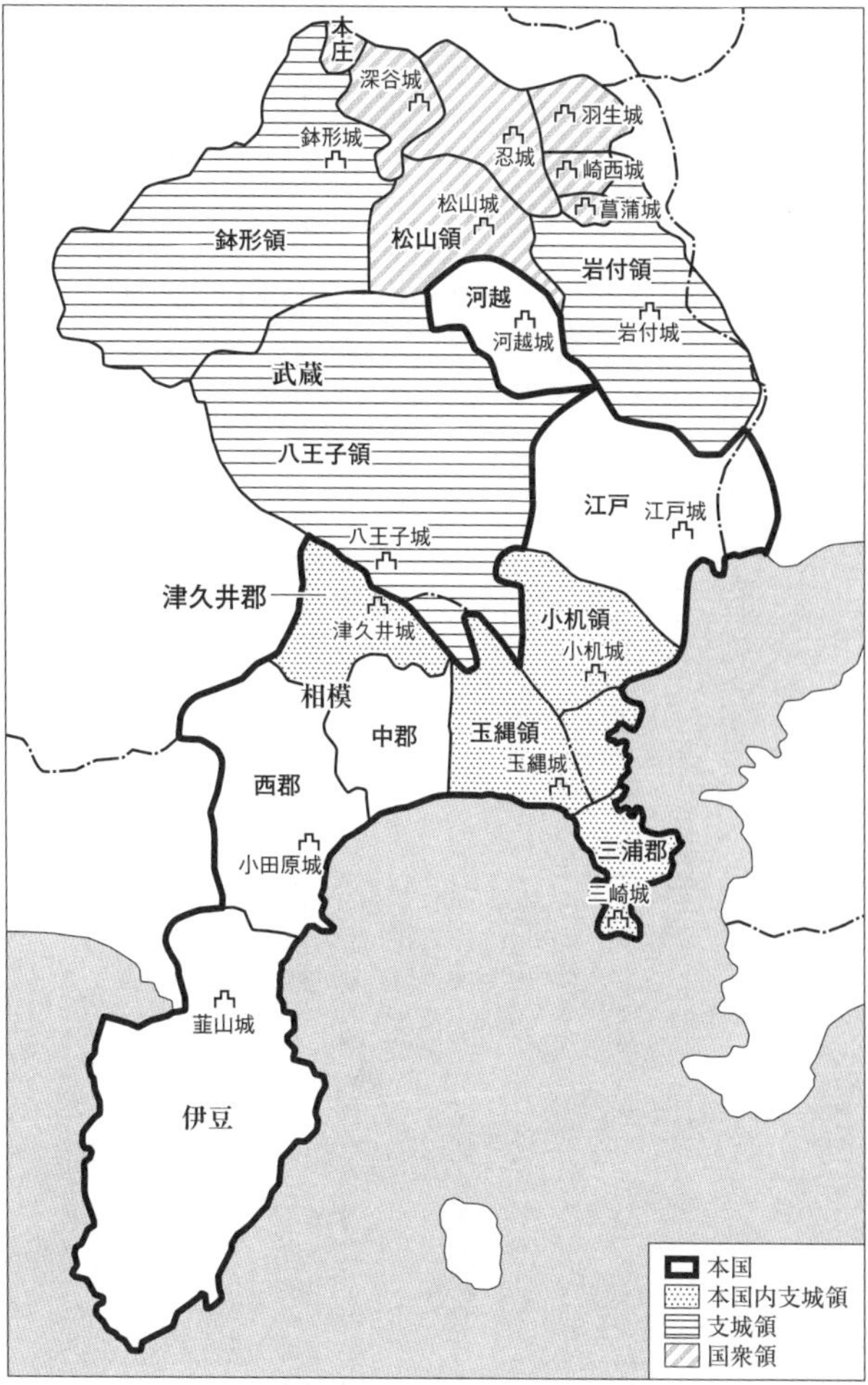

北条氏の領国は、伊豆を領国化するところから始まったが、二代氏綱段階の、伊豆・相模、それに武蔵南部のうち小机領・江戸（下総葛西を含む）「郡」・河越「郡」までの領域が、北条氏当主が直接に領国支配にあたる地域であり、これを「本国」と定義している。そのなかで具体的な支配領域としては、伊豆、相模西郡・同中郡・同玉縄領（武蔵久良岐郡を含む）・同津久井郡・同三浦郡、武蔵小机領・同江戸「郡」・同河越「郡」に分けられていた。ちなみに伊豆は一国であるが、機能としては一つの「郡」とみなされる。また伊豆については、口・中・奥の三つの地域区分がされていたようであるが、それらが行政単位として機能した形跡は、現在のところ確認されていない。

そしてそれらにおける領域支配者については、領域に対して行使できる権能、領域における知行制の在り方によって、大きく四つの階層に区分することができる。もっとも史料上の表現によると、「郡代」か「城主」ということになるが、このうち「城主」については、多様な在り方が存在していることから、権限内容をもとにさらに階層区分したほうが、実態認識のためには有効と考えられる。そのため私は、史料上「城主」と表記されるものについて、「城代」「支城主《しじょうしゅ》」「支城領主」の三階層の区分を行っている。

領域支配の基本をなしているのが、「国役」公事の賦課・徴収権である。それを行使したのが「郡代」という存在であった。したがって、この「郡代」が領域支配者としては最も基本的

な存在といえる。この郡代には、伊豆入部以来の譜代重臣のみが任用されており、

伊豆韮山城管轄　笠原氏・清水氏
相模小田原城管轄　相模西郡＝石巻氏、相模中郡＝大藤氏

となっている。いずれも北条氏にとって本拠地域にあたっているから、これが地域支配の基本になっていたことがわかる。

次に城代は、郡代の持つ「国役」公事の賦課・徴収権に、在城衆（衆）に対しての軍事指揮権が加わったものになる。これには北条氏の御一家衆か、譜代重臣のなかでも「一族」という御一家衆に次ぐ家格にあった宿老のみが任用されており、

武蔵江戸「郡」（江戸・葛西、江戸城）　遠山氏→〈江戸〉北条氏秀（玉縄北条綱成次男、→「御隠居様」北条氏政）・〈葛西〉遠山氏
武蔵河越「郡」（河越城）　北条為昌（氏綱三男）→大道寺氏
下総関宿領（関宿城）　北条氏秀→「御隠居様」北条氏政
上野館林領（館林城）　北条氏規（氏康五男、城代南条昌治）

上野松井田領（松井田城）　大道寺政繁

となっている。御一家衆のうち、為昌・氏規には別の本領が存在していたから、このような形態がとられたと考えられる。

次に支城主というのは、支配拠点の城郭が、領域支配者の持城とされ、在城衆が領域支配者の家中によって占められるという、城・家中と領域が一体化された在り方になる。しかも領域内における、自身およびその家中の知行地については、ほぼ全権を認められていた。この側面が城代とは決定的に異なっており、自身とその家中の知行地に関して、大名と同等の支配権を認められたかたちになっている。これはすなわち、大名支配の重要部分にあたる、知行充行《あてがい》・安堵権、さらに裁判権などについて、領域を単位に分与されたものといえる。そのためこの支城主には、大名家当主の分身にあたる御一家衆のみが任用されており、

相模玉縄領（相模東郡・武蔵久良岐郡、玉縄城）　玉縄北条氏

相模三浦郡（三崎城）　北条氏規

武蔵小机領（小机城）　北条三郎（久野北条宗哲長男）→氏堯（氏綱四男）→氏信（三郎弟）→氏光（氏康七男、実は氏堯次男か）

相模津久井郡（津久井城）　内藤氏
下総栗橋領（栗橋城）　北条氏照（氏康三男、城代布施景尊）
上野箕輪領（箕輪城・大戸城）　北条氏邦（氏康四男、城代猪俣邦憲。大戸城代斎藤定盛）
上野沼田領（沼田城）　北条氏邦（城代猪俣邦憲）

となっている。これらのうち初期段階からのものが、玉縄領・三浦郡・小机領であったが、それらは当初は北条為昌の支配領域であり、その死後に分割されて成立したものであった。津久井郡の内藤氏は、譜代重臣に分類されるものの、元来は扇谷上杉氏の重臣出身の国衆であった。国衆としての領国支配から、北条氏の譜代家臣に転じた結果によって、このような形態になっている。栗橋領以下については、御一家衆の氏照・氏邦によるものであるが、ともにそれぞれ別に本領が存在していた。

最後の支城領主は、これまでのものとは大きく性格が異なっている。城が持城であったことにとどまらず、領域内の軍事力はすべて家中として存在し、領域全域が自身の知行分とされていた。さらに領域支配に対して、北条氏当主からの直接的な規制はほとんどうけることがなく、領域支配の全権に及んで、ほぼ独自的な支配を展開した。北条氏当主がその領域に発給する文書は、禁制や伝馬手形など「惣国」を対象にしたものに限られており、それは大名に従属する国衆の場合と同じであった。そのためその支配領域は、独自の「国」と認識されていた。これも国衆の場合と同じであった。

このような支城領主の在り方は、外観的にはまさに一個の大名と認識できるもので、実際にも、当該領域支配に限ってみたならば、大名との区別はほとんどできない。この支城領主には、御一家衆のみが任用されており、

武蔵八王子領（由井城→滝山城→八王子城）北条（大石）氏照
武蔵鉢形領（花園城→鉢形城）北条（藤田）氏邦
武蔵岩付領（岩付城）太田（北条）源五郎（氏政次男）→北条氏房（氏政三男）
下総佐倉領（佐倉城）千葉（北条）直重（氏政四男）
下野小山領（小山城・榎本城）北条氏照（小山城代大石照基、榎本城代近藤綱秀）
下野佐野領（佐野城）佐野（北条）氏忠（氏康六男、実は氏尭長男か）

となっているが、基本的にそれらは、先行して存在した大名・国衆に養子入りして、その家を継承したことによっていた。唯一の例外が下野小山領の場合といえるが、これも小山氏の領国を継承したものであった。したがってその支配領域が、国衆と同様の性格を持っていたことは、

北条領国における年貢・公事納入ルート

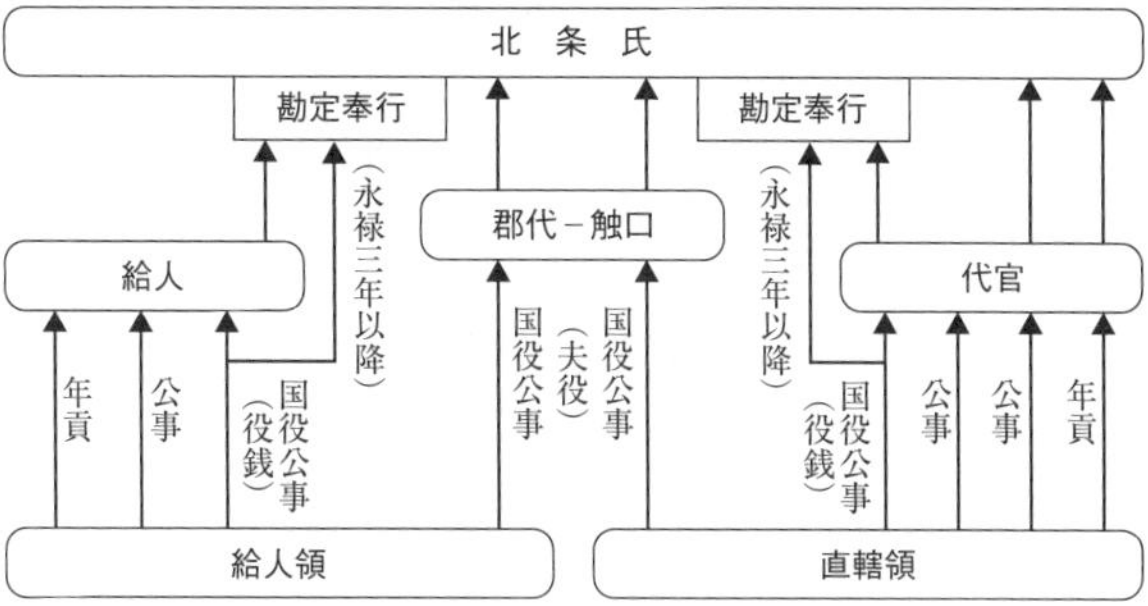

成立の経緯からして当然のことであった。そのためこれら支城領主というのは、北条氏の家権力の一部を構成しつつも、他方において独立的な国衆の性格をあわせ持った存在であった。その意味で、これを大名の行政機構としてのみ位置付けることは適当ではなく、支城主までとは本質的に性格の異なるものと認識されるのである。

徴税の仕組み

北条氏は、支城領主や国衆の領国を除いて、ほぼ統一的な領国支配を行っていた。ただし「本国」の外部については、史料の残り具合などからよくわからない部分もみられる。そのため以下では、北条氏の行政機構の在り方が最もよくわかる、「本国」の場合をもとにみていくことにしたい。

大名としての行政機構は、すでに述べているように、「国役」公事の賦課・徴収の仕組みが基準になっていた。

その「国役」公事は、第二章でみたように、大きくは夫役系と役銭系とに分けられる。このうち夫役系は郡代とその部下である「触口《ふれくち》」を通じて、役銭系は当初においては給人（「地頭」）・代官を通じて、それぞれ賦課が行われた。そして後者については、これも第二章で触れたように、永禄三年（一五六〇）を画期にして、給人・代官を通じての納入から、村から直接、担当奉行への納入（直納）へと変わっている。

また当初は、いずれにおいてもそれぞれの徴収担当者から、各村に対して賦課の命令が出されていた。ところが初代宗瑞の最晩年にあたる永正十五年（一五一八）九月、そうした「国役」公事などの賦課制度に大きな変更が行われた。すなわち、北条氏が賦課する諸役については、いずれも印判を捺した印判状という書式で通達し、そこに徴収する数量などを明記することとしたのである。これが北条氏における印判状という書式の成立にあたる。北条氏では、印文「禄寿応穏《ろくじゅおうおん》」を刻んだ方形の上部に虎の図案を配した朱印が用いられた。これを当時から、虎朱印と称している。この朱印は以後、常に当主の手元に置かれ、滅亡時まで北条家を象徴する朱印として使用され続けることになる。

この改革は、単に公事賦課制度の変更にとどまらず、以後における領国支配の基本的在り方を規定する、大きな改革であった。詳しくは『戦国大名の危機管理』で述べているので、ここでは簡単に触れるにとどめるが、その他にも、

①村宛文書の創出
②下級役人の不正の排除
③目安制（直訴）の創出
④家臣の主人権への規制

といった意義があった。

それぞれ具体的には、①村に対する公事賦課の命令書を、朱印状という書式を創出することにより、負担主体である村に直接交付する仕組みが作り上げられた。②それによって、それまでは郡代や給人・代官から公事賦課が行われ、実際の徴収はその家来によって行われていたが、賦課数量が朱印状に明記されることによって、北条氏の命令によらない賦課の排除が図られることになった。③それにもかかわらず下級役人らが従来通り、勝手な賦課をしてきた場合には、直接、北条氏にそのことを訴訟することを認めた。④その処罰は北条氏当主が行うことになり、それによって下級役人の主人である郡代らの主人権を制約することになった。

またこの改革は、大飢饉が背景にあったから、「村の成り立ち」維持を図って行われたものととらえられる。この結果として、大名が常に、直接、村に向き合い、「村の成り立ち」のために、その間に介在する家臣に規制をかけていく構造が作り出された。そしてこれが、以後を規定した新しい領国支配の在り方となった。北条氏でも天文十九年（一五五〇）の公事赦免令において、村が負担できないような給人・代官による年貢・公事賦課を規制し、違犯した場合には処罰の対象にした。武田氏でも同様の規定があり、そこでは知行半分没収と決められている（「甲州法度之次第」五五ヶ条本第九条）。この動向は江戸時代の一七世紀後半になると、ついに給人による所領支配が停止され、かわりに大名家が領国全域で直接、村支配にあたる体制（いわゆる地方《じかた》知行制の形骸化）が構築されるまでになっていくのである。

村役人制の展開

夫役系の賦課方法は、郡代とその部下の触口を通じて行われる、ということについては以後も変わることはなかったが、役銭系においては、永禄三年（一五六〇）から給人・代官を通さずに村から直接納入する方式に変わったことによって、いわゆる村役人制度が整備されるようになった。具体的には、小代官《こだいかん》・名主《なぬし》・定使《じょうづかい》・百姓頭といった存在である。このうち小代官のみが徴収側に位置し、他の名主以下は、納入側の村の構成員であった。

小代官は、役銭などの徴収、大名から村への命令などにおいて、現地で責任を負った存在である。もともとは給人・代官の被官（手代）であったが、そのような職務にあたることで、大名から直接に任免をうける存在となり、それを小代官と称するようになったと考えられる。直轄領では年貢・公事、給人領においては大名収取の「国役」公事の徴収にあたった。小代官となった者には、当該の村の住人や近隣の村の住人など、在地の有力者が多いのが特徴となる。それが大名被官であった場合には「代官」と称された。徴収や命令遂行の責任者とされたことで、規定の徴収が実現できないような場合、命令が遂行されなかった場合、あるいは「村の成り立ち」を妨げたような場合に、まず最初に責任をとらされるような存在で、斬首・遠島という厳しい処罰も珍しくはなかった。

名主は、村側において年貢・公事納入の責任者とされて、現地において収納のための実務を執り行った。ほとんどの場合、村のなかでも有数の有力百姓が務めた。領主側からは、名主給・名主免といった給分・免分を与えられたが、これは収納実務の反対給付として与えられたものである。実態は、納入年貢からの差し引きであり、そのため村への控除分のなかに計上されている。名主のような、領主側に対する村の政治代表者、納入責任者のような存在は、それ以前から存在したが、役銭の直納体制の展開にともなって、明確に村側の納入責任者の地位に置かれるようになり、日頃から不作などを生じさせないような心懸けを要求され、実現できない場合には処罰の対象とされた。

定使は、大名・領主との連絡役、村内への触役《ふれやく》などを務める存在とみられる。これについても名主と同じく、給分・免分が設けられていた。この定使のような存在も、それ以前からみられていた。

百姓頭は、年貢・公事の計量にあたった百姓である。これについては給分・免分は設けられていない。「頭」が付されているところからすると、名主・定使のように給分を認められ、役人として存在したものとは異なって、文字通り百姓の代表者であったと考えられる。したがってこれを村役人に含めるのは正確ではないが、年貢・公事納入のなかでの役割を担っているため、関連して取り上げている。年貢・公事の計量は、永禄七年（一五六四）からの現物納の導入にともなって生じたものである。それ以前は銭納であったからである。

計量に関しては、いうまでもなくそれ以前の時代から、徴収側と納入側の間でしばしばトラブルの原因になっていた。北条氏は現物納の公認にあたって、計量を村側の行為として規定し、その責任者を百姓頭としたのである。以後においても計量をめぐるトラブルがなくなったわけではなかったが、このような原則を立てたこと自体、収取をめぐる領主と村との問題をできるだけ抑制したい、とする意図がうかがわれる。

こうして永禄三年からの役銭などにおける百姓直納体制の展開、同七年からの年貢・公事における現物納の展開にともなって、徴収する側と納入する側、それぞれの役割分担と責任が明確化されていくようになった。なかでも名主は、大名・領主支配における役人であるとともに、村の代表者でもあるという両面を持った。これはむしろ、村の代表者が、大名・領主の収納実務を、現地で担うようになったといったほうがよく、まさに村役人と呼ぶにふさわしいであろう。そしてこの村役人の制度も、そのまま近世に引き継がれていくことになる。

目安制と裁判制度

戦国大名の領国支配のなかで、大きな歴史的意味を持った政策となったのが、目安制による裁判制度の構築であった。これはすなわち、支配の客体である村から、領国の最高支配権者である大名家に対し、直接に訴訟を認める、いわゆる直訴制にあたっている。北条氏では、永正十五年（一五一八）の政治改革において、直轄領に対してこれが導入されたのを契機に、天文十九年（一五五〇）の公事赦免令において、給人領にも導入されたことで、領国全域の村に対して目安制が全面的に適用されることとなった。いずれも領国を覆った危機のなかで、「村の成り立ち」のための対策の結果によるものであった。

これにともなって裁判制度そのものも、大きく整備された。目安とは訴状のことであるが、この後においては、小田原城などの支配拠点の城門などに、それを投函するための目安箱が設置された。また北条氏の重臣数名から構成される評定衆《ひょうじょうしゅう》が組織され、目安制による訴訟の審理にあたった。目安はこの評定衆のもとにのぼり、審理担当者が決められ、担当者は目安の紙

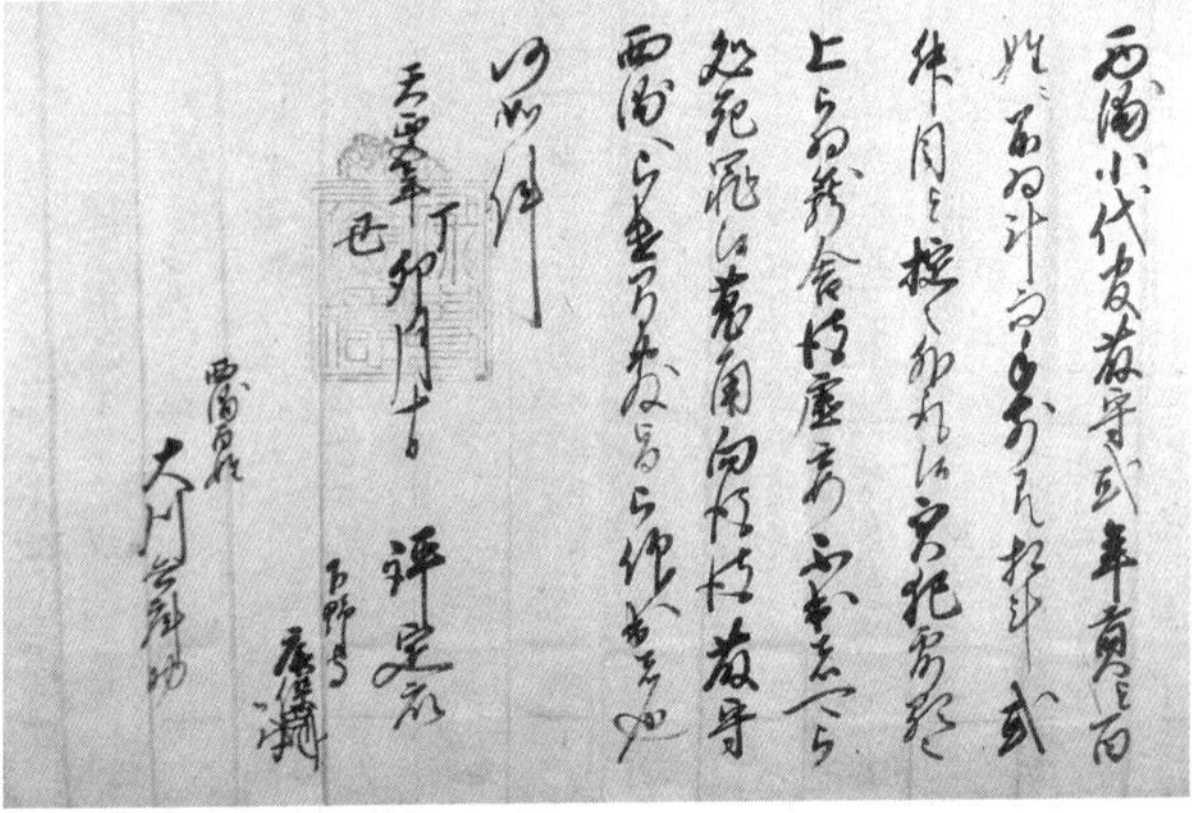

天正５年４月10日付北条家裁許朱印状
（人間文化研究機構 国文学研究資料館蔵、伊豆国君沢郡内浦長浜村大川家文書）

背に署判を据えて、被告に送付した。被告はそれに対する相目安（陳状、すなわち反論状）を作成し、本目安に添えて提出することが求められた（戦北三九二九）。そして両者の主張点が検討され、北条氏当主が出席する、いわば御前会議にあたる定日の評定において判決が出された。その際には、双方の出頭が求められ、出頭がなければ無条件で敗訴とされた（戦北九七二）。判決は、審理担当の評定衆が、日付の下に署判し、さらに日付の上に虎朱印を捺した、「裁許朱印状」という書式によって、当事者双方に交付された。

　この目安制の全面展開については、後の永禄四年（一五六一）に、北条氏康は「百姓に礼を尽くす」政策の筆頭にあげている（戦北七〇二）。このことからも、この政策が当時において、戦国大名自身にとっても、「村の成り立ち」のための画期的な政策と自認されていたことがわかる。同様の裁判制度は、他にも武田氏・今川氏・六角氏などでも確認されているから、広く戦国大名において採用されていたとみられる。この目安制の意義は、領国を構成する社会主体である村のすべてに対して、大名家への直接訴訟権を認めたということにある。それは言い換えれば、すべての人々に訴訟権を認めた、万人に開かれた裁判制度がここに始まったといってよいものであった。現代の裁判制度は、その延長線上に位置しているのである。

もともと村から大名家への訴訟は、領主や代官を通じて、その名義によって行われていた。しかしそれでは、領主側と村とのトラブルについて、適切に対処できないうらみがあった。そのため領主側と村との紛争解決を意図して導入されたのであるが、すべての村に訴訟権を認めた結果として、新たな事態をもたらした。村は自らが抱えるあらゆる紛争を訴訟の対象にし、大名家もこれを取り上げていったのである。とりわけ、村同士による、生産・生活のための資源をめぐる生存をかけた争いであった村落間相論も対象になったことで、それまで領主を通じて訴訟され、それによって家臣同士の対立が引き起こされていた状況が、これによって緩和されることになるとともに、村の側においても、武力行使を自制する条件が作り出されたのである。

そして領主との紛争についても、実力行使をしないで訴訟するよう求められるようになった。目安制を用意しているのだから、自力によって解決するのではなく「公儀」（大名家）に訴訟せよ、というのであった（戦北二〇八五）。そうして訴訟しないで実力行使（逃散《ちょうさん》）すると、それそのものが処罰の対象にされた。「逃散」は中世における対領主闘争の基本といえるもので、村の持山に籠もるなどして、百姓の側から領主との支配関係を拒否する、ストライキのようなものであったが、それが目安制と引き替えに禁止されていった。この状況は、豊臣期以降も継承され、江戸時代には「徒党禁止」というかたちで規定されていくことになる。

このように目安制は、村の自力解決を抑制していくという意図を明確に持ったものであった。中世後期における戦争は、村の紛争に起因していたといってもよく、戦国大名領国の存立は領国内における紛争の抑止によって成り立つものであったことを踏まえるならば、目安制の展開というのは、大名領国における平和確立のための重要な施策であったことが理解されるであろう。それだけではなかった。北条氏の場合では確認されていないが、近江六角氏では、村による村落間相論における武力行使についても規制の対象にしているのである（「六角氏式目」第十三条）。

その適用事例についてはいまだ確認されていないが、天下人となった羽柴秀吉が、天正十五年（一五八七）頃から適用をすすめていった「天下喧嘩停止」令、すなわち村による武力行使そのものを処罰の対象としていったことは、明確にその延長線上に位置するものであった。以後、豊臣政権と続く江戸幕府は、一七世紀後半までをかけて、村の武力行使の凍結をすすめていき、そうして生まれたのが近世の二〇〇年にわたる平和であったが、その起点に位置したものこそ、戦国大名による目安制の展開であった、といって過言ではない。

分国法の意義

戦国大名領国の存立は、領国内における紛争の抑止によって成り立つものであったが、それは目安制の展開にみられたように、自力解決の代替として裁判によって解決することで実現をみた。このことから戦国大名にとって、裁判がいかに重要なものであったかがうかがわれる。大名家当主もそのことの重要性を充分に認識しており、例えば、六角氏の分国法「六角氏式目」には、当主の「一方向（一方的）」な裁許を規制する条文が繰り返し登場し、武田氏の分国法「甲州法度之次第」では、武田信玄（当時は実名晴信）が法度と異なる判断をした場合には、遠慮なく諫言するよう断っていることなどは、その代表である。

戦国大名が、家中や村に対し、自力解決に替えて大名裁判をうけさせようとするならば、その裁判には、できるだけ公平性を保つ必要があったことはいうまでもない。その場合に重要になるのは、判決における基準の明確化であろう。北条氏も目安制の展開のなかで、過去の判決を踏まえて判決を出すというように、判例の蓄積といっていい状況がみられており、そうすることによって判決内容の一貫性の維持が図られていたことがうかがわれる（戦北一二八四）。

そしてそのことを何よりも明確に示しているのが、分国法の制定であろう。戦国大名の分国法としては、奥羽伊達氏の「塵芥集」、下総結城氏の「結城氏新法度」、武田氏の「甲州法度之次第」、今川氏の「今川仮名目録」、六角氏の「六角氏式目」、三好氏の「新加制式」、周防大内氏の「大内氏壁書」、肥後相良氏の「相良氏法度」などの存在が知られている。これらはいずれも、以後における判決の基準として制定・編纂されたものであった。しかし他方で、分国法を制定していない大名のほうが多いことをみると、むしろ制定しているほうが珍しいといえる。制定の経緯をみてみると、いずれの大名家も、存続に際して大きな課題に直面しているような時期にあたっているから、それが課題克服のための手段となっていたことがうかがわれる。

制定の背景が端的に示されているのが、結城氏の「結城氏新法度」であろう。これは結城政勝が弘治二年（一五五六）十一月二十五日に制定したもので、それには制定の趣旨を述べた前文がある。それによると、現在は当家にとって重大事が五年にも及んで、一日として心の休まることがないなか、家臣たちが判決に不満な時には道理に合う合わないなどと陰口をきき、かといえば親類・縁者の訴訟になると、「鷺《さぎ》を烏に言う」、すなわち白を黒と言いくるめたり、あるいは力ずくで無理を通そうとしたりする。そのために法度を制定すると述べている。

この当時、結城氏は東に隣接する常陸小田氏と激しい抗争を繰り広げていた。そのため北条氏に従属し、四月にはその援軍を得て、合戦に勝利して領域の拡大に成功したものの、八月からその反攻をうけて、いくつかの領域を奪回されてしまっていた。政勝がいう重大事とは、この小田氏との攻防を指していた。にもかかわらず、家臣たちは自己の利益ばかりを優先して、政勝の判断を狂わしていた。それでは結城氏の存続は難しくなるため、政勝は法度を制定することとしたのであった。

そもそも前近代社会においては、政治と裁判は区分されることはなく、いわゆる裁判は政治の一部であった。したがってそこでの裁判は、関係者の利害調整を本質とした。そのため判決も、その時々の事情が勘案されたものとなった。しかしそれでは、家臣の不満をなくすことはできず、同時に家臣たちは何としてでも自己に有利な判決を引き出そうとした。そうした裁判の煩わしさを解消するために、政勝は以後の判決の基準を明確化したのである。

分国法を構成する個別の法は、たいていは共有されていた慣習法や、それまでに出されていた先行法であった。「結城氏新法度」の場合も、歴代の結城氏当主が出したものがもとになっていたことが記されている。したがって分国法は、それらの慣習法を明文化したものや、先行法を集成した性格のものであった。大名が出した命令や判断は、「御法」「御国法」や「法度」と称されて、他の法よりも優先された。ちなみにこの時期における法というのは、現代の法とは性格が異なり、命令なども含んだ行動準則一般を意味した。

戦国時代では、法はすべてが明文化されていたわけではなく、成文法に対してはるかに大きな慣習法の世界が広がっていた。広域に通用した慣習法は、「国法」や「大法」などと称されていた。著名な喧嘩両成敗法などもその一つであった。大名の法もたいていはそれに依拠して出されたが、慣習法は地域や階層によって内容が異なる場合があり、大名が制定した法がそれと抵触することもあったが、そうした場合には、大名の法が優先された。したがって大名の法は、その領国における基本法として、一律に適用されるべきものとされていた。その反面、領国外では通用しなかったことはいうまでもない。このあたりは現代の国家法と同様といえるであろう。

分国法に掲載された法は、ほとんどすべてが、紛争解決にあたっての基準となるものであった。そのような法を集成することが、領国の存立において必要であったということに、戦国大名領国が、紛争解決によってもたらされる領国内平和の維持をもととしていたことが、端的に認識されるであろう。

とはいえ戦国大名の裁判は十全なものではなかった。裁判は最終的に当主の判断によったが、それは基本的には平時に行われた。戦国大名は年の半分くらいは戦陣に出ていたから、そのような状況では、充分に訴訟に対応できなかったのである。そこに紛争解決において自力解決の余地を残すものとなった。事態の好転は、大名の戦争が終息する一七世紀を待たねばならなかった。そしてその後半期になって、民衆の自力解決のための実力行使の凍結が実現をみるのであった。

第五章　戦国大名と国衆

国衆とは

戦国時代に、領域権力として存在した家権力は、実は戦国大名だけではなかった。それよりも規模は小さいながらも、戦国大名と同じ権力構造にあり、独自の領国を持ち、それに対して自立的な支配を展開していた存在があった。これを「国衆《くにしゅう》」と定義している。その領国は「国」と称されていたように、それ自体が、一個の地域国家ととらえることができる。数ヶ国に領国がわたる大規模な戦国大名においては、領国の周縁部はこうした国衆の領国によって占められているのが実態であった。そのため戦国大名を理解するためには、その配下にありつつも、独立的に存在した、国衆について、充分に理解することが必要になる。この章では、そうした戦国大名と国衆との関係についてみていくことにしたい。

国衆の存在がどのようなものであったのか、少し具体的にみておくことにしよう。例えば、北条領国をみてみると、伊豆・相模・武蔵南部の「本国」地域の外側には、滅亡を迎えた小田原合戦時においても、武蔵には松山城（埼玉県吉見町）の上田氏、忍城（行田市）の成田氏、深谷城（深谷市）の上杉氏などがあり、上野には国峰城（群馬県甘楽町）の小幡氏、安中城（安中市）の安中氏、赤坂城（高崎市）の和田氏、倉賀野城（高崎市）の倉賀野氏、白井城（渋川市）の長尾氏、今村城（伊勢崎市）の那波氏、大胡《おおご》城（前橋市）の毛利北条《きたじょう》氏、桐生城（桐生市）の由良氏、小泉城（群馬県大泉町）の富岡氏などがあった。その他の下野・常陸・下総・上総についても同様の状況であった。

それらの地域においては、戦国大名の一門や重臣が支配にあたる領域のほうが、例外的といえる状況であった。そうした一門や重臣が支配にあたっている領域とは、もとは国衆の領国であり、養子縁組みによって継承したり、元の国衆を滅亡させたり退去させたことによって、一門や重臣による支配が展開されるようになったもので、本来は国衆の領国が展開していた。武蔵八王子領（もと大石氏・三田氏領国）・鉢形領（もと藤田氏・長井氏領国）・岩付領（もと太田氏領国）、上野厩橋《まやばし》領（もと毛利北条氏領国）・新田領（もと由良氏領国）・館林領（もと足利長尾氏領国）などがそれにあたっている。

武田氏の領国でも事情は変わらない。最終段階の滅亡時においても、比較的規模の大きなものだけでも、信濃では佐久郡の相木依田氏・芦田依田氏・前山伴野氏・野沢伴野氏、小県郡の禰津氏、伊那郡の下条氏、木曾郡の木曾氏、上野では小幡氏・和田氏・安中氏・毛利北条氏、駿河では朝比奈氏などが存在していた。こうしたことは「天下人」織田信長の場合であっても同様である。旧武田領国では、甲斐河内領・駿河江尻領の穴山武田氏、信濃木曾郡の木曾氏、西上野の小幡氏・和田氏・安中氏・毛利北条氏らは、そのまま国衆として存続している。

彼ら国衆は、ある段階から戦国大名に従うようになった存在で、戦国大名の領国といっても、実はその周縁部には、こうした国衆の領国が展開していたのである。戦国大名の領国は、それら従属する国衆の領国を含めて存在していたのであり、それら全体を「惣国」と称していた。しかし後に触れるように、国衆の領国への関わり方は、当主・一門・重臣らの領域支配によって構成される、それより内部の領国に対してのものとは異なっていた。そのため国衆領国をも含めた「惣国」を、広義の大名領国、その内側に展開する領国を、狭義の大名領国と区別するのが適当となる。

国衆という地域国家も、戦国大名と同じく、戦争の日常化のなかから形成された。関東では享徳の乱(一四五五~八二)以降、戦争が日常化したが、そのなかで各地の領主は、自立化を遂げ、本拠を城郭化し、それを中心に一定の支配領域を形成した。それは隣接して存在していた領主を滅ぼしたり、被官化したりすることによってもたらされた。そしてその家来組織は「家中」、支配領域は「領」と称された。こうして国衆という地域国家が、各地で展開していった。

またその本拠は、軍事拠点というだけでなく、地域国家の首都として、政治・経済・文化の中心という性格を帯びた。城郭が、恒常的に存在するようになったのも、戦国時代からのことだった。現在の地域における政治的中心地は、そうした国衆の本拠を由来にしているものが少なくない。例えば、国衆が割拠していた上野国(群馬県)がとくにわかりやすく、前橋(厩橋)・高崎(赤坂)・安中・松井田・箕輪・伊勢崎・太田(金山)・館林・大泉(小泉)・桐生・沼

北条領国における国衆分布（小田原合戦時）

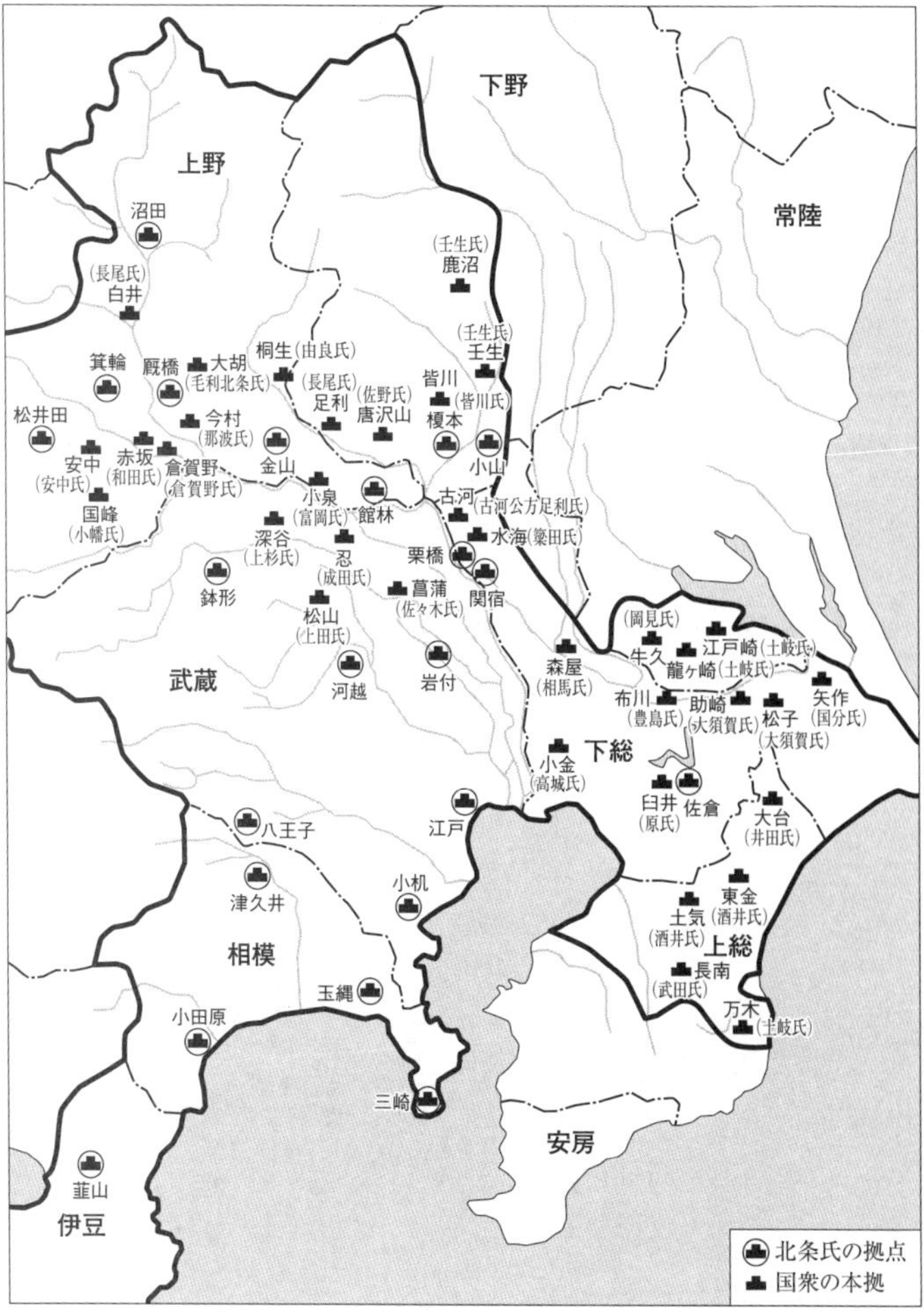

田などは、すべて国衆の本拠であった。現在に繋がるような、地域の中心地が形成されたのが、まさに戦国時代だった。各地に地域国家が乱立して存在していた、それが戦国時代の特徴だった。

なおこうした国衆について、かつての研究では「国人《こくじん》」と表現してきた。そのため現在でもその表現を用いる研究者も少なくない。しかし「国人」というのは、室町時代では一種の身分用語であること、研究概念としての「国人」は、室町時代の武家領主制を対象にして用いられたものであったから、それを戦国時代に適用するのは妥当ではない。

極論すれば、「国人」概念は、鎌倉時代の「地頭領主」に始まり、武家領主は所領の一円化を推進していく存在であり、南北朝内乱を経て所領の一円化に成功した「国人領主」が成立し、それが戦国時代には、国レベルを領域化する戦国大名へと展開していく、という典型的な発展段階理論に基づいたものであった。

しかし戦国大名・国衆という領域権力の成立は、決して鎌倉時代からの武家領主における、単線的な発展過程に位置する事態ではなかった。一五世紀の慢性的飢饉の展開のなかで、自立的な村を基礎とする社会展開をうけて、一五世紀後半からの戦争の日常化を契機に生み出されたととらえられるからである。したがってその歴史的存在は、明確に区別されるべきものであり、そのためあえて「国衆」という異なる用語を用いることが必要なのである。

「家中」か「味方」か

戦国大名に従った国衆について、これまでは、その家臣になったと理解されることが多かった。確かに、戦国大名への軍事奉公が義務付けられていたから、その命令に従う存在であった。当時の言葉で、従者を意味する「被官」と表現される場合もあった。しかしたいていの場合は「味方」と表現された。それに対して、戦国大名の被官は、当時の言葉で「家中」「家風」と称された。戦国大名の「家」を構成し、それ以外の主人を持たず、領主としての存立基盤である所領も、大名から認められたもののみが存在するなど、存立そのものが大きく大名に規定されていた。それと比べると、国衆は、従者ではあったが、立場としては本質的に異なっていた。

国衆は、その領国をまったく自らの力量によって支配し、そこでは戦国大名から干渉されることはほとんどなかった。例えば、戦国大名は、家中の所領に対しては、直接、公事を収取した。しかし、国衆の領国に対しては、大名が直接に課税することは原則としてなかった。唯一のものといっていいのが、宿に対して伝馬役を負担させることであった。これは国衆が大名に従う存在であり、その領国が大名の領国に包摂されていたことに対応している。けれどもそれ以外についてはまったく関与せず、検地などの領国支配のための政策も国衆自身が行っていた。こうしたところに国衆が、自立した領域権力であったことが示されている。国衆の領国は、それ自体が一個の国家であり、そこでは国衆こそが国王だったのである。戦国大名は、その国衆を通じてのみ、その地域に影響力を持ったにすぎなかった。

そうした立場にある国衆は、戦国大名との関係においても、家中とは異なって、戦国大名の「家」の外側に位置した。いわゆる外様であり、あくまでも客の立場だった。従来、家臣といってきたのは、こうした国衆が存在しなくなり、家中と国衆が同一化した、江戸時代の大名家における家中の在り方を、そのまま用いてきたためである。しかし、国衆と家中とでは在り方が決定的に異なるのだから、明確に区別しておく必要がある。またそうすることによって、戦国時代の特質をはっきりと認識することができる。

ある一定の領域を支配するという意味では、戦国大名と国衆は変わらなかった。だから権力としての構造も変わらなかった。それだけではない。そうした国衆も、領国の外縁部には、自立的な領主が存在していたことが多かった。彼らも、国衆の家中には含まれない存在であり、同心、与力などと称された、やはり客のようなものだった。自立的な領主を服属させることで、より大きな権力が構成されるという関係が、重層的に展開していたのである。つまり、戦国大名と国衆との違いといったら、見た目の規模の違いくらいにしかすぎなかった、といっていいほどなのだ。

その意味からいうと、戦国大名ととらえられているものも、もとをたどれば国衆であった、という場合も少なくない。北条氏も、初代の伊勢宗瑞は今川氏の御一家衆という立場にあり、伊豆を領国化した後もかなりの間、今川氏の領国支配に関わる存在であったから、その時期の立場は、国衆のようなものであった。それが相模東部の領国化の展開のなかで、今川氏の軍事行動に参加しなくなったことで、結果として独立した戦国大名として存在するようになったにすぎなかった。三河の徳川氏、安芸の毛利氏、土佐の長宗我部氏、肥前の竜造寺氏などは代表的であろう。

だから戦国大名と国衆とを、明確に区別することは難しい。そもそも戦国大名というのは、当時の用語ではなく、あくまでも学問上の用語である。本書では、両者の上下関係をはっきりさせて、唯一の命令主体となっているものを戦国大名、それに従う存在を国衆として、区別しておきたい。そうすると、戦国大名というのは、自らが直接に領域支配する本国に加え、独自の領国を形成する国衆を従えた存在、ということになる。戦国大名にとっては、従属する国衆が増えればその領国は拡がり、逆に国衆に離叛されてしまうと領国は縮まることになった。大名の勢力とは、こうした国衆を抱えることによって展開されたものであった。そうすると大名同士の抗争とは、いずれが国衆を味方にできるかの抗争であったとすらいえる。

このように、戦国大名が領国内に独立的に存在する国衆を抱えていたという状況は、戦国時代を通じてほとんど変わらなかった。それがなくなるのは、戦国時代の終焉、すなわち羽柴秀吉の天下一統による、戦争状況の停止に一致していた。秀吉から独立した大名として認められない場合、国衆は従属していた大名の家臣として位置付けられ、従来の大名家臣と同質の存在となっていったからである。国衆の存在は、戦争の継続に一致していたのであり、こうした国衆の存在こそは、戦国時代を特質付けるものであった。

従属関係の在り方

戦国大名と国衆との関係は、戦国大名は国衆の存立を保護し、国衆は戦国大名に軍事奉公するという、保護と奉公の関係であった。こうした関係は、統制・従属関係と理解したほうがわかりやすい。戦国大名と国衆の関係は、たいていは敵対関係から始まるが、従属は、国衆の側から積極的に寝返ってきた場合と、大名から攻撃をうけて降伏する場合とがあった。どちらにしても従属の申し入れは「詫び言」といわれ、戦国大名が従属を承認することは「御赦免」といわれ、国衆はそれに対して多額の礼銭を負担した。従属にあたっては、その条件について交渉が行われ、合意に達すると、両者の間で血判起請文が交換された。そこには諸条件が列記され、その履行が誓約されたから、いわば契約書にあたる。

戦国大名が国衆に誓約した保護の中味は、国衆の領国とその家中を保証すること、敵から攻められた場合は救援することであった。領国とその家中の保証とは、当時の用語で「安堵」といわれた。起請文には、単に「本知行」（領国）とか「その方家中・親類」と記されるのみで、具体的な対象までは記載されなかった（戦北一〇一六など）。また国衆の代替わりの際にも、同様に安堵された。例えば、下総小金城（千葉県松戸市）の高城氏の場合、天正十年（一五八二）十二月に、胤辰《たねとき》からその子胤則への代替わりに際し、北条氏からその「知行方（領国）・馬寄（家中）等」の継承について「前々御証文」の通りに安堵されている（戦北二四五一）。その場合の証文にも、具体的な対象は記載されなかった。それらの領国・家中が、あくまでも国衆の自力によって維持され、国衆はその承認をうければ充分であったからである。

しかしそこで問題になるのが、国衆同士の所領争いであった。戦国大名による安堵は、あくまでも総体についてのものであったから、個々の領域を画定するものではなかった。しかも新たに従属した国衆というのは、その直前までは、周辺の国衆と敵対関係にあり、領域をめぐって日常的に抗争していた。したがって従属にあたっては、そうした領域をめぐる紛争の停止が図られた。例えば、北条氏が国衆に与えた起請文には、「味方中の間の弓矢出来し候とも、糺明のうえ、非分の方打ち捨つるべき事」とか、「境論これあらば、双方の代小田原へ召し寄せ、糺明を遂ぐるべき事」ということが記されている（戦北一〇一六）。味方の国衆との間で、所領の領境をめぐって紛争が生じたり、戦争になったりした場合には、双方の主張を点検したうえで対応すること、相論の場合には裁判で解決し、戦争の場合には不当の側を排除するということ

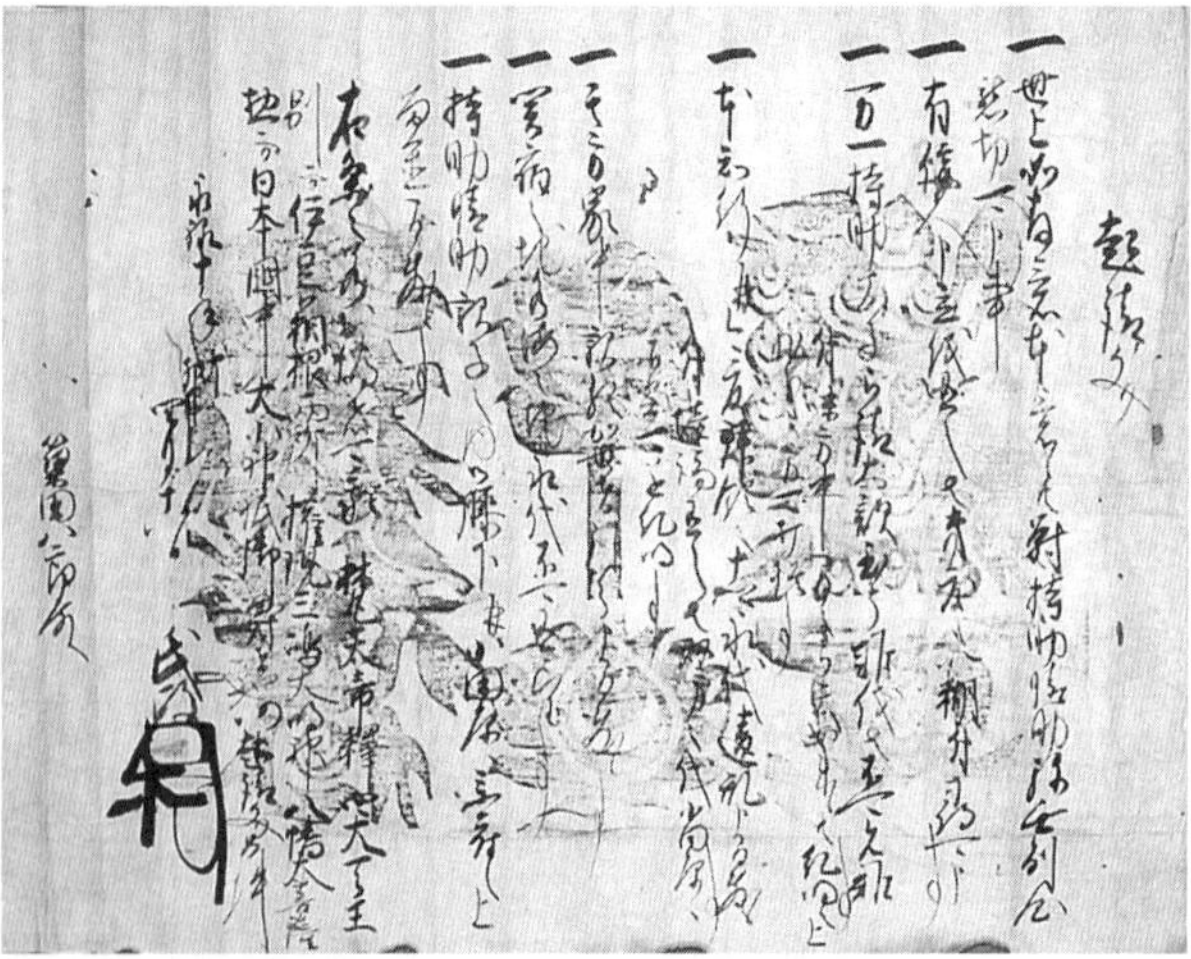

永禄10年４月18日付北条氏政起請文　簗田八郎［持助］宛
（簗田家文書、個人蔵、写真提供：千葉県立関宿城博物館）

とを誓約している。それだけ隣接する国衆同士では、相論が生じやすかったのであり、北条氏はそれに対して、公正な裁判で対応することによって、そうした紛争の勃発の抑制に努める必要があった。

国衆は戦国大名から存立の保証をうけたことに対して、戦国大名に忠節を尽くすこと、具体的には軍事動員などに応じることを誓約した。動員する軍勢数などについては、大名の譜代家臣が動員数やその装備について厳格に規定されていたのに対し、とくに規定されることはなかった。動員も命令ではなく、あくまでも依頼のかたちをとっていた。そこにも国衆が、大名の譜代家臣とは本質的に異なり、外様であったことをみることができる。しかし、だからといって参陣命令をないがしろにすれば、それは「敵対同前」と判断された。もし参陣を怠った場合、従属を継続しようとすれば、懸命に詫び言しなければならなかった。

そして国衆は、そうした奉公を誓約する「契約の証拠」として「証人」（人質）を差し出した。たいていは国衆当主の幼少の子弟や母があてられた。国衆が離叛した場合は、それらの証人は処刑されることになるが、それは契約破棄にともなう証拠の処分を意味していた。また国衆は、時として戦国大名の本拠に参向した。これを「参府」と称している。自身、本拠から離れられないような状況では、近辺に大名が出陣してきた際、陣中に参じた。これらはその軍事指揮に従うことを示す、服属儀礼であった。従属することは「旗下に参る」とも表現されたように、まさに軍事指揮に服すことを意味していた。国衆は従属後に、大名からその狭義の領国において所領を充行《あてが》われたが、それはこの参府のための在府料（交通費）であった。

国衆は自己の存立にあたって大名から保護をうけたが、それにともなって大名に対して礼銭を納めていたらしい。いわば上納金である。天正十一年（一五八三）十月、北条氏は下野佐野氏を従属させるにあたって、「三千余貫の御礼銭毎年進上」をその条件の一つに出している（戦北四二二九）。三〇〇〇貫文は現在の金額にするとおよそ三億円にあたる。ここから、国衆は大名に対して、毎年数億円規模の礼銭を上納していたことが想定できる。他に具体的な事例については得られていないが、こうしたことが一般的なものであったから、それが従属における条件になったと考えられる。これはもちろん、大名から保護をうけることへの対価であった。

しかしその一方で、大名は前線の国衆に対して戦争費用を援助していた。越後上杉氏の事例になるが、天正元年十二月、北条氏からの攻撃にさらされ籠城《ろうじょう》戦を展開していた武蔵羽生城（埼玉県羽生市）の木戸氏・菅原氏に対し、「矢銭として」「黄金弐百両を申し付け差し置」いている（上越一一八一）。黄金一両＝二貫五〇〇文であるから、黄金二〇〇両は五〇〇貫文にあたる。このことから国衆からの毎年の礼銭というものも、戦争の存在にともなうものであったと考えられ、いわばいざという時に戦争費用を援助してもらうための預金のような性格にあったとみることもできる。戦争の存在を前提に、そして戦争にともなって、そのような資金の環流がみられていたととらえられるであろう。

戦国大名と国衆の関係が、国衆の自力による存立を前提にしているということは、その形成も解消も、国衆の側こそに主体があったことを意味している。どちらにおいても国衆側の主体的な選択によるものであった。国衆の従属は、そもそも自己の存立の維持のためであった。それが保証されなくなれば、国衆は新たに保証してくれる戦国大名に従属した。例えば上総勝浦城（千葉県勝浦市）の正木氏は、里見氏の宿老であったが、永禄七年（一五六四）に北条氏に従属した。周囲は敵方に囲まれていたから、援助の進軍を頻りに要請している。ところが同十年八月を最後に、北条氏の房総への出陣はみられず、同十一年末からの北条氏と武田氏との戦争によって、支援は絶望的になった。そして同十二年三月、勝浦正木氏は北条氏に見切りをつけて、里見氏のもとに復帰している（戦北四六八三）。本領の勝浦領などはそのまま維持されているから、おそらくその安堵を条件に、従属を働きかけられていたのであろう。国衆が戦国大名に忠節を尽くすことを表明し、軍事動員に応じたりしていたのも、あくまでもその大名から、自己の存立の保証が得られる限りのものにすぎなかった。

両者を仲介する取次

このような戦国大名と国衆との関係は、互いに特定の取次を通じて形成されていた。現代のような通信の仕組みがなかったこの時代は、あらゆる連絡が仲介者を通じて行われ、その仲介者を「取次」と称していた。そして取次は、いずれの場合でも特定されていた。見知らぬ人同士の連絡はそもそもありえないことであった。以下、北条氏の場合をもとにみていこう。

北条氏側から国衆への取次は、「指南《しなん》」「小指南」と称され、国衆側から北条氏への取次は「奏者《そうじゃ》」と称された。北条氏と国衆との政治的上下関係が、そのまま取次の呼称に反映されたかたちになる。なお北条氏側からの取次には、一門・宿老が務める「指南」と、当主側近家臣が務める「小指南」の二つの階層があった。それは「指南」も北条氏当主に上申する場合に取次が必要であり、その取次が、「指南」が担当する国衆に対し、連動して「小指南」として取次を務めたことによっている。

北条氏と国衆との統制・従属関係は、国衆からの従属の「詫び言」から始まるが、その連絡は互いの取次を通じて行われ、以後においてもその取次ルートが、基本的にはそのまま継続していくことになる。これが、両者を繋ぐ唯一の政治ルートとして機能し、起請文の交換や参陣命令などあらゆる連絡が、その取次ルートを通じて行われた。例えば下総・上総の両総地域についてみてみると、下総佐倉千葉氏・小金高城氏・上総大台井田氏については「指南」が宿老の江戸城代遠山氏、「小指南」が当主側近の山角定勝、下総臼井原氏・府川豊島氏・上総土気《とけ》酒井氏・万喜土岐氏については「指南」が宿老松田氏、「小指南」が当主側近の幸田定治、上総勝浦正木氏については「指南」が一門の武蔵八王子城主北条氏照、「小指南」が当主側近の狩野泰光、上総長南武田氏については「指南」が一門の相模三崎城主北条氏規、といった具合であった。

取次を務める、ということは、両者の関係の維持に責任を負うということでもあった。永禄十年（一五六七）四月、北条氏は従属してきた下総関宿城（千葉県野田市）の簗田氏と起請文を交換したが、その前日に「指南」北条氏照は簗田晴助・持助父子と起請文を交換している（戦北一〇一五）。そこで氏照は、古河公方足利義氏や北条氏が契約内容を遵守するよう見届けること、仮に心変わりがあっても簗田氏父子の進退維持のために周旋することを誓約している。「指南」は国衆の進退を保証する役割を担っていたのであった。

上総大台城（千葉県芝山町）の井田氏への「指南」は江戸城代遠山氏であったが、井田因幡守が参陣をしなかったことがあった。遠山直景は井田氏から依頼をうけて釈明の詫び言を言上したが、「小指南」山角定勝から北条氏政がひどく立腹しているとの返事をうけた。遠山氏は「一段御笑止に存じ候、中々我らにおいて迷惑此の節に候（はなはだ同情する、かえって私も困っていますが）」といいながらも、さらに「小指南」山角定勝と談合して、事態の解決を図っている（戦北三一〇七）。

それだけでなかった。国衆への援軍はまず「指南」の軍勢によって行われた。永禄九年三月、下総臼井原氏の属城臼井城（千葉県佐倉市、当時の本拠は小弓城）が上杉謙信に攻撃された際、「指南」松田憲秀の同心衆が同城に援軍として派遣され、籠城している（戦北九四三）。さらに同じ「指南」から取次をうけている国衆の軍勢が、「指南」に率いられたり、同陣して派遣されるなど、「指南」は国衆を軍事指揮した。例えば、松田憲秀から取次をうけていた武蔵松山上田氏・臼井原氏・土気酒井氏の軍勢が、憲秀の軍勢とともに相模津久井城主内藤氏（憲秀の姻戚）への援軍として派遣されている（戦北四一一七）。そしてこうした軍事指揮の関係から、「指南」は一門・宿老という、北条氏権力のなかでも当主に次ぐような、最高位の実力者たちのみが務めることができた役割であった。

北条氏と国衆との政治関係はこのように、実際には「指南」「小指南」によって担われていた。なかでも国衆の存立にとって重要な援軍も、事実上は「指南」によって果たされていた。北条氏・国衆の双方にとって、「指南」の働きこそが、その関係を維持していくうえで重要であったことがわかる。

遠方に在番する国衆

国衆にとって戦国大名への従属は、自らの存立を維持するためのものであったが、従属を継続していくなかで、帰属先の戦国大名の領国が巨大化していくと、当初は想定していなかった事態が生じるようになった。それが遠方地域における軍事行動の展開であった。その状況を、引き続き下総・上総国衆を事例にしてみていくことにしたい。

下総・上総の国衆たちは、自らの存立を維持するために北条氏に従属した。当初は隣接して対立する国衆との抗争への勝利のためであった。そこでは対立する国衆との抗争それ自体が、北条氏への忠節として扱われた。天文十八年（一五四九）に土気酒井胤治が、北条氏政から、安房に向けての侵攻を忠節と評され、新たな所領を与えられているのは、その典型的な事例である（戦北三五八）。しかし、周囲の国衆すべてが同じ北条方に属し、平和が確保されるようになると、北条氏への軍事奉公は、北条氏の領国維持の戦争のために行われるようになっていく。

両総の国衆が、自己の存立とは直接には関わらない地域への戦争に動員された最初は、永禄十一年（一五六八）十一月、千葉氏被官の大台井田平三郎が武蔵岩付城（埼玉県さいたま市）の在番を務めているものであろう（戦北一一〇四）。同年十二月には、小金高城氏が武蔵江戸城に在番し（戦北一三五六）、翌十二年五月には千葉氏親類衆の助崎大須賀信濃守（勝秀か）も江戸城に在番している（戦北一二二八）から、永禄末期には、千葉氏勢力の他所への在番は、よく行われるようになっていたことがうかがわれる。そして元亀二年（一五七一）正月には、千葉氏自身も動員されるようになり、駿河まで出陣している（「海上年代記」）。

天正五年（一五七七）に北条氏と里見氏の同盟成立によって、房総半島での戦争は終息をみた。そうすると両総の国衆は、それまで以上に北条氏から他国への出陣を命じられることが多くなっていった。同七年五月から九月にかけて、土気酒井康治は北条氏照が管轄する下野榎本城（栃木県大平町）に在番しており（戦北一九四三・二〇七〇）、同年九月には、北条氏が伊豆・駿河国境で武田氏と対戦した際、千葉邦胤は駿河への出陣を命じられている（戦北二〇九九・二四一八）。また同十年八月、北条氏が甲斐若神子《わかみこ》（山梨県韮崎市）で徳川氏と対戦した際には、千葉氏の軍勢と臼井原胤栄《たねよし》は参陣を命じられているし（戦北二三九五）、同じ頃、千葉氏配下の矢作《やはぎ》国分胤政は、信濃小諸城（長野県小諸市）に在番している（戦北二四四二）。同十二年に北条氏が下野足利（栃木県足利市）に進軍した際は、下総衆（千葉氏の軍勢であろう）が在陣し（戦北四二四四）、同十三年五月には千葉氏の重臣原胤長らが上野厩橋（群馬県前橋市）に在陣している（戦北二八四八）。

そして天正十八年の小田原合戦の際には、それらの国衆たちは、原則として小田原城への参陣、籠城が命じられた。それは主力軍を引率してのものであったから、本拠に残された軍勢はごくわずかなものとなった。本拠ないしその近辺での在城が認められたのは、当主が幼少であった臼井原氏と、本拠周辺が戦場地域となっていた府川豊島氏だけであった。原氏の場合は、家老が主力軍を率いて小田原城に参陣し、豊島氏の場合は、佐竹方への最前線にあたる常陸江戸崎城（茨城県稲敷市）への在城であったから、ともに本拠に残した軍勢がわずかであったことに変わりはなかった。そのため当主が不在のなか、羽柴勢によって両総侵攻をうけると、それら国衆の本拠は、ほとんど抵抗できずに開城を余儀なくされている。

このように両総の国衆は、駿河・甲斐・信濃・下野・上野にわたる遠方にまで出陣し、在番を務めるようになっている。彼らにとっては、初めて赴く地であったに違いない。彼らは北条氏から保護をうける限り、北条氏に奉公する義務として、そうした遠方への出陣も果たさなければならなかった。しかしそれは彼らにとっては、当初からすれば思いもよらないことであったろうし、そのための人的・経済的負担は多大なものがあったに違いない。しかも最後は、小田原城に籠城してしまった関係から、北条氏と命運をともにすることになってしまい、小田原合戦の結果として、滅亡を遂げてしまうのである。

自らの存立のために戦国大名に従属したにもかかわらず、天下一統のなかでそれが果たされなくなる状況がみられるようになっていた。これは戦国大名と、それに従属する国衆との、ある程度の一体的関係を示しているといえる。ある意味では、そうしたところに、社会が次第に統合されていっている状況をみることもできるのではなかろうか。

大名に依存する国衆

国衆が戦国大名に従属した際、大名からは隣接国衆との相論について、公正に裁判で解決することを誓約されていた。これは本来ならば、国衆が自立した地域国家として、自力によって解決すべき問題であったが、戦国大名に従属し、その保護をうけるにともなって、その限りにおいて自力解決を凍結されたことを示している。もちろん大名の対応に不満があれば、離叛して、問題解決を優先するという選択肢は残された。しかし大名領国による地域統合が進展していく戦国時代後期になると、ある大名から離叛しても、別の大名に従属しないと存立が維持できない状況が生まれていたから、戦国大名の従属下に位置する限り、その自力解決には制限がかけられていく状況の進展をみることは可能であろう。

隣接する国衆同士において、相論となった問題として注目されるものに、用水をめぐるものがある。北条領国における二つの事例をあげることにしよう。

一つは、武蔵忍《おし》領の成田氏長と同鉢形領の北条氏邦との間におけるものである。年代は明確ではないが、四月晦日付で、成田氏長が氏邦の家臣園田尾張守に宛てた書状に（戦北四七八三）、

随って本庄江落ち候用水、両口ながら福与方・吉田方一図に相留め申さるる由、申し来たり候、幷びに九郷関、横地方相留めらるる由、申し候、古来相違無き用水、改めて此度相留められ候、御心元無く候、日進をもって致さるる事に候か、又は氏邦仰せ付けられ留めさせられ候や、御心元無き次第に候間、脚力をもって申し候、

《訳》

ところで［鉢形領側から成田氏領の］本庄へ流れている用水が、二つの取水口ともに福与氏と吉田氏がひたすらに留めるということを通知してきた。あわせて九郷用水の堰についても、横地氏が留めるということを通知してきた。古来から［本庄領で利用していることは］間違いのない用水であるのに、今更のように今回、留められて、不安です。今までのことを改めたのでしょうか、それとも氏邦が命じられて留めたのでしょうか、不安なので飛脚で申し入れます。

とある。鉢形領から、成田氏が領有していた本庄領（埼玉県本庄市）に、いくつかの用水が流れていたが、それらをことごとく留められることになってしまった。用水堰き止めの連絡は、福与氏・吉田氏・横地氏からもたらされているが、彼らは氏邦の家臣であるとともに、おそらく取水口が存在する村の領主であったとみられる。本庄領に流水させないということは、用水をすべて鉢形領の村で利用するためであったのだろう。それでは本庄領側では、稲作ができなくなるため、成田氏長は自ら、氏邦側に対して事態の説明を求めているのである。

もう一つは、上野桐生領の由良氏と小泉領の富岡氏との間におけるものである。天正十三年（一五八五）五月に、桐生領側で、小泉領に流れる用水を堰き止めしたことで問題になり、それを両者に対して指南を務めた北条氏邦が仲裁に入った。その事情を氏邦が富岡氏に伝えた書状（戦北二八一三）に、

桐生領分より小泉領分へ前々より懸け来たり候用水、横合いあり切り落とすべきの由に候、惣別当方御法度に候、切り落とすべき子細これ有るにおいては、大途《だいと》次第たるべく候、勿論桐生より由信（由良信濃守国繁）仰せ付けらるる儀有る間敷く候、百姓・代官、自分の致し様と聞こえ候、此の上横合の族これ有らば、早々に承るべく候、由信へ申し断るべく候、

それをして桐生領百姓等に申し断り候、

《訳》

桐生領から小泉領へ流れている用水について、正当な理由もなく堰き止めるとのことである。総じて［そうした用水堰き止めについては］当方［北条氏］では禁止である。堰き止めなければならない理由がある場合には、大途［北条氏］の意向によるものである。［今回の事態は］もちろん由良国繁が命じたことではない。［桐生領の］百姓・代官が勝手に行ったことと聞いている。このうえでいわれないことをする者がいた場合には、すぐに報せてほしい。由良国繁へ申し入れし、そこから桐生領の百姓らに申し入れる。

とある。桐生領から小泉領に流れている用水が、桐生領側によって切断された。富岡氏はこれを指南の氏邦に訴え、善処を求めたのであろう。それをうけて氏邦は、由良氏に切断解除を求めたと思われる。由良氏からは、由良氏が命じたものではなく、取水口現地の百姓・代官が勝手に判断して行ったことだ、という返答があったらしい。由良氏は氏邦からの申し入れをうけて切断を解除したとみられるが、今後も同様のことがあれば、氏邦から由良氏に申し入れ、由良氏から現地の村に解除の命令を出してもらう、ということを伝えている。

これらに共通してみられているのは、用水切断は現地の村の行為であったことである。こうした用水をめぐる紛争は、それ以前であればたちまち村同士、村々連合の紛争になり、さらに領主同士の戦争に展開していた。そうするとこの場合も、互いの国衆が味方同士ではなかったら、すぐに戦争となっているような事態といえるであろう。前者ではこれが氏邦の命令によるものかの確認が図られ、後者では国衆の命令によるのでないことが確認されている。国衆の命令であれば、それは敵対行為を意味すると理解されたのであろう。

ここで注目されるのは、北条領国では、用水の切断については、北条氏当主のみが判断できる事柄とされていたことである。そのことが国衆に対してもいわれているから、それは国衆領をも含めた、「惣国」で適用されるものであったととらえられる。実際のところは、桐生領では独自に切断をしているのであるが、これが北条氏のもとに訴訟されると、その「御法度」が適用されることとなったことが知られる。それを拒否しようとすれば、北条氏から離叛して敵対するしかなかったことになる。

このように戦国大名は、国衆同士の相論に対しても、一定の基準を設け、裁判によって解決にあたり、それによって双方の国衆領国を含めた、領国全体における平和の確保にあたっていたことがわかる。「大途」という用語は、一般的な語義は特定されていないものの、北条氏においては、何物よりも優越する公儀としての側面を表現するものであった。北条氏は、こうした国衆間の紛争に関わる在地の紛争に対しても、公儀という、いわば超越的な調停者として自らを積極的に位置付け、介入していたことがわかる。在地の村に根ざす紛争が、村同士から村々連合、領主同士、さらに国衆同士の紛争へと展開してしまう構造のなかで、村に対する目安制、家中の形成、そして国衆に対する裁判というように、それぞれの次元に応じた裁判の仕組みを作り出すことで、自力解決を抑止し、領国全域での平和の構築が図られていたことがわかる。そのような特定の秩序によって平和が確保される範囲を「平和領域」ととらえておきたい。そしてこのように、戦国時代においては、国衆領国を含めた「惣国」というまとまりが、平和領域の単位として機能していったのである。

「惣国」が一つの平和領域として機能したことを示す事柄を、もう一つ取り上げておきたい。それは人返しの問題である。すでに第三章で、北条氏が国衆領国をも対象に統一的な規定を設けていたことについて触れたが、それこそが「惣国」を対象にした規定であった。氏綱の時に、「欠落」者の返還期限を一〇ヶ年としていたのに対し、氏康は永禄元年（一五五八）に、期限を五ヶ年とし、これを武蔵・上野の国衆領国をも対象にしているのである（「簗田文書」）。そこでは北条氏の規定が、国衆領国をも対象にした「惣国」の規定として機能するものであったことが示されている。

逆にこのことについては、国衆の側でも認識しており、これを領国支配に利用している事例もある。それは、小田原合戦の際の天正十八年（一五九〇）三月、武蔵松山領の上田憲定が、本城松山城（埼玉県吉見町）の城下にあたる松山本郷の町人衆に対して述べているなかにみえる（戦北三六八〇）。上田氏も他の国衆と同じく、小田原城に参陣していた。そのため松山城の守備にはわずかな軍勢しか残せなかったため、松山宿の町人に、守備のため籠城を依頼したところ、宿からは同意の返事がもたらされた。それをうけて、次のように発言している。

此くの如く申し出で候上、自然他所へ心をよせ、引き移るべくあてがい致す者あらば、忽ち其の断りを申し付け、後日にも小田原（北条氏）迄も申し上げ、御分国中を尋ね召し返し、堅く其の断りに及ぶべく候、

《訳》

このように「籠城すると」言ってきたのであるから、万一に他所に心を寄せて、移ろうと取り計らう者がいたならば、すぐにそれに対する処罰を言いつけ、後日に北条氏にも申告し、北条領国中で捜索して連れ戻し、きちんとそれへの処罰を行うつもりである。

すなわち、松山宿として籠城することを承諾したにもかかわらず、宿の住人のなかで、籠城を拒否して、他所に移住しようとした者がいたら、その者に対してはすぐに処罰（改易であろう）を決め、松山領外に移住してしまったとしても、後日に北条氏に申告して、その領国全域

（惣国）で捜索して連れ戻して、その処罰を行うというのである。

ここでの移住は、国衆である上田氏に対しての敵対行為として認定され、松山領内であれば上田氏が独自にそれへの処置をとることはできるが、たとえ領国外に移住したとしても、北条氏の「惣国」内であれば、北条氏に依頼すれば、連れ戻しが実現できたことがわかる。逆に北条氏も、国衆から敵対者の返還申請があれば、それを容れて返還に対応していたことが知られる。こうしたことも、大名と国衆との統制・従属関係維持の一環をなしたとともに、「惣国」という単位が、そうした問題の解決範囲となっていたこと、すなわち、「惣国」が平和領域の一つの単位として機能していた側面をみることができる。

戦国時代の後半になると、列島の各地域で、北条氏のような大規模な戦国大名が展開していき、それによる地域統合が進展していったが、それは言葉を換えれば、平和領域の単位の拡大でもあった。そうすると戦国時代とは、平和領域が拡大していく過程であったことになる。その帰結が、戦国大名の統合による近世統一政権の成立、それにともなう列島規模での平和領域の形成といえるであろう。

第六章　戦国大名の戦争

戦国大名の戦争の背景

戦国大名とはそもそも、戦争をする権力体である。その戦争はいうまでもなく対外戦争であり、基本的には他の戦国大名との戦争であった。そしてそのことの表裏の事態として、領国内における紛争抑止がすすんでいき、これまでにみてきたような「惣国」が平和領域の単位になるような事態が作り出されるようになってきた。それでは翻って、戦国大名はどうして戦争していたのであろうか。一昔前までの戦国大名論では、戦国大名は本来的に領土拡大欲を持ち、領国支配もそれを実現するための富国強兵策を第一義としていた、といった理解にあった。まさに戦前の軍国主義国家を投影した認識であり、しかもそれを大名家当主の個性に還元する傾向が強かったから、そうした理解はいわゆる「英雄史観」と大差ないといわざるをえない。

戦国大名の戦争が、どのような契機や理由によって行われていたのか、ということが具体的に意識されるようになったのは、ここ二〇年ほどのことにすぎない。戦国時代における戦争の日常化という事態の背景には、慢性的な飢饉状況があったことは間違いなく、そのため戦国大名の戦争の背景にも、そうした社会状況をみることができる。戦国大名が戦争をしている季節が、夏の麦の収穫期（「麦秋の行《てだて》」という慣用句まで生まれている）や、秋作の収穫期に顕著であること、戦争のなかでは下級兵士による掠奪が行われていたことをみれば、それは否定できない現実としてうけとめざるをえない。

しかし極論すると、戦国大名は全方位で戦争状況にあった。そうした状況で、具体的に戦争を展開できるのは、そのなかの一部にすぎなかった。戦国大名が動員できる軍勢には限度があったからである。実際に戦国大名の軍事行動について、その政治的契機をみていくと、そのほとんどは、従属する国衆からの支援要請に応えたものであった。そもそも敵方への最前線にあった国衆は、その敵方大名から離叛して従属してきた者であったり、あるいは隣接する国衆が敵方大名に従属したために、最前線に位置するようになっていた。

例えば永禄七年（一五六四）六月、里見氏の宿老であった上総勝浦正木氏が離叛し、北条氏に従属してきた（戦房一一四六）。周囲はすべて里見方であったから、正木氏は従属にあたって北条氏に軍事支援を求めた。それをうけて北条氏は、七月末から八月半ばにかけて里見領国に侵攻している（戦北八六〇）。正木氏からはその後も、しばしば支援要請があり、同九年五月、北条氏は上総への侵攻を予定していたが、上野で情勢変化があり（上野国衆の相次ぐ従属申請）、それへの対応を優先させて、上野に進軍している（戦北九四八）。戦国大名のもとには、最前線に位置する国衆から、常に支援要請があり、実際にはそのなかで優先度の高いものから、支援を行っていた、というのが実情であった。

しかし情勢によっては支援できない場合もあった。その結果として、国衆が離叛し、敵方大名に従属してしまうことは珍しいことではなかった。そうした場合、大名は味方勢力から「頼もしからず」と評判された。永禄六年四月、上杉謙信（当時は実名輝虎）が北条方の武蔵崎西小田氏、下野小山氏を攻撃して従属させた際、北条氏はそれへの支援（「後詰」）を行わなかった。それを聞いた北条氏と同盟関係にあった陸奥芦名盛氏は、氏康に対して、陸奥で氏康は頼りにならない（「頼もしからず」）という評判が立ち始めていることを伝えている（「白川文書」）。氏康もそれを承知していたのであろう、ただちに二〇日以内に下野に進軍することを表明している。

戦国大名は、従属国衆からの支援要請に応えなければならなかったのであり、北条氏政も、先の勝浦正木氏に対しては、実際には支援をできる状況にはないにもかかわらず、「氏政の手前が苦労している（他と交戦中）からといって、従属している国衆（「先忠の味方」）を見捨てるようなことは、決してしない」（戦北四六八三）、と述べているように、そのことは大名自身も自覚していた。それをできないと「頼もしからず」という評判が立つことになる。それは名誉を損なうことであった。

先の氏康の場合、芦名氏の忠告をうけてすぐに出陣を表明した。そこには二つの意味があった。一つは反撃すること、二つは離叛した国衆への報復である。前者については、永禄四年三月に、上杉謙信（当時は長尾景虎）から本国相模に侵攻をうけ、そこで上杉方によって領国内の財産の掠奪をうけたため、氏康は五月に反撃の一戦を計画している（戦北七〇二）。後者については、同九年九月に上野新田由良氏が上杉氏から離叛して北条氏に従属したことに対し、謙信は翌月に関東に侵攻するが、その攻撃目標は由良氏であった（上越五三七）。離叛されたらただちに報復のため攻撃する、という観念の存在をみることができる。

これらに共通するのは、損なわれた名誉の回復、という事態であろう。敵対大名から領国内へ侵攻をうけ、そこで敵兵によって領国住人の財産が掠奪されてしまったこと、従属していた国衆が離叛したこと、というのはすべて名誉を損なうものであった。損なわれた名誉は回復しないと、「頼もしからず」というレッテルが貼られた。戦国大名の権力構造は、重層的な「頼み」構造にあり、大名家はその頂点に位置しただけに、その名誉損害をそのまま放置しておくことは、他の国衆も相次いで離叛したり、重臣たちも離叛したり、あるいはクーデターによる当主交替などの事態が生じるなど、大名家そのものの崩壊をもたらしかねなかった。だから反撃や報復のための攻撃を行い、それによって損なわれた名誉の回復にあたる必要があったのであろう。

同様のことは他大名との外交関係においてもみられた。永禄十年（一五六七）十一月、武田氏と今川氏の同盟関係が解消の危機にあった際、北条氏は「中人《ちゅうにん》」（仲裁者）となって同盟関係の維持に尽力した。にもかかわらず、同十二年十二月になって、武田氏は今川氏との同盟を破棄し、一方的に侵攻を開始した。これに接した北条氏は、「中人」としての名誉を損害されたため、ただちに今川氏に味方し、武田氏と対戦していった。中世社会には紛争解決の方法として「中人制」という慣習があり、それは絶対的なものと認識されていた。中人による裁定が拒否されたり、成立した和解が一方的に破棄された場合には、中人はもう一方に味方し、破棄した側を攻撃した。この北条氏の行動も、それに則ったものであった。

こうしたことからすると、戦国大名の戦争の具体的な展開の背景には、名誉観の問題が大きな位置を占めていたことがわかってくる。これは社会主体の存立が、現代のような法に基づく権利などに裏打ちされたのではない前近代社会にあっては、何よりも名誉によって維持されていたことに関わっている。名誉損害をうけ、そのまま放置しておくというのは、社会主体として認識されなくなることに通じるものといえ、社会主体として存在し続けるというのは、名誉を維持し続けることであった。戦国大名もそうした社会観念のなかで存在していたのであった。

村の戦争参加

近年の戦国大名の戦争に関する研究のなかで明らかになってきたことに、領国内の村も、大名の戦争に参加していたという事態がある。戦国大名の軍勢を構成したのは、給人などの正規兵だけではなく、村そのものも大名に村の兵士を提供していた。その状況を、北武蔵の事例をもとにみていくことにしよう。

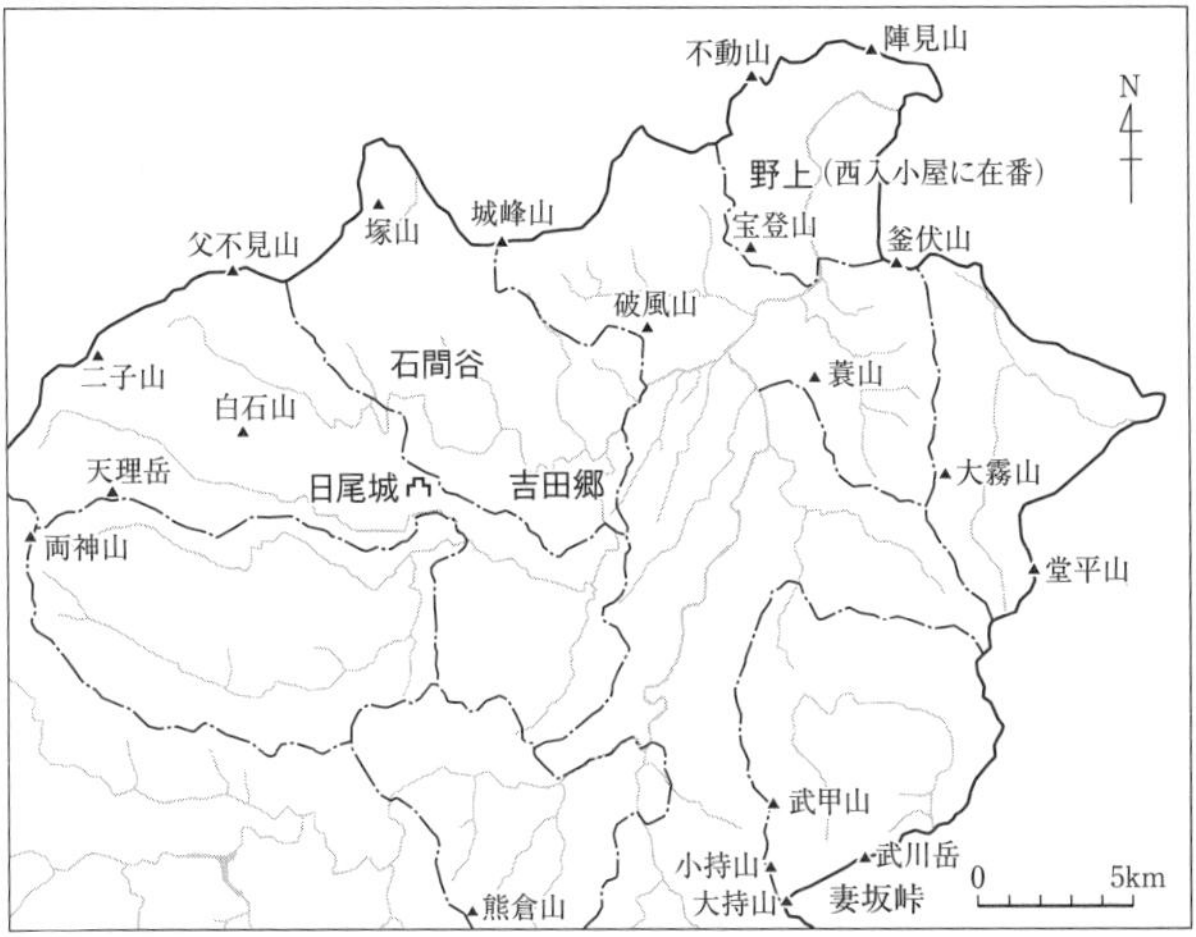

秩父郡関係図。吉田郷は石間谷に侵攻してきた敵軍への防衛にあたる、あるいは日尾城に籠城した。

北条氏邦が管轄する鉢形領では、永禄八年（一五六五）、野上村（埼玉県長瀞《ながとろ》町）には三〇人の「足軽衆」がおり、氏邦から西入小屋（寄居町）への在番を命じられている（戦北八八八）。こうした足軽衆の存在は、鉢形領では一般的にみられ、元亀元年（一五七〇）に小前田村（深谷市）では、長谷部兵庫助以下一〇人が足軽をしたことへの褒美として、氏邦から同村に対して「不入」（諸役免除であろう）が認められ（戦北一四四九）、翌年には同村そのものが長谷部以下一一人（先の一〇人に一人追加）に与えられている。これは、軍事奉公の代替として年貢を全額免除し、村ごと給分化を示すものであり、第一章で取り上げた、八王子領三沢郷における三沢十騎衆の場合と同様である。

また同じ元亀二年の上吉田村（秩父市）では、土豪・高岸対馬守が、隣の谷にあたる石間谷《いさまだに》への敵軍の進軍に対し、防戦した褒美として、氏邦から諸役の免除を認められ（戦北一四七〇）、土豪・山口氏とその配下の一騎衆が、上吉田村の隣の谷に所在する日尾城（秩父市）からの、野伏《のぶし》の召集要請に応えて在城したことへの見返りとして、氏邦から帰城したら褒美を与えることを約束されている（戦北一四九六）。さらに、さいと三郎右衛門・高谷三郎左衛門は、郡内（秩父郡）に敵軍が侵攻してきたら、「郷人《ごうにん》・野伏」を動員するよう氏邦から命じられ、褒美の付与を約束されている（戦北三九九六）。

天正三年（一五七五）の黛郷《まゆずみごう》（上里町）では、同郷の土豪出身で在村給人となっていた吉田氏とその足軽衆は、出陣を報せる貝・鐘が鳴ったなら、郷内の足軽衆・地下人《じげにん》を動員して防戦にあたるように、と氏邦から命じられている（戦北一七九三）。またこの吉田氏父子は、鉢形領と深谷領の境目にあたる猪俣（児玉町）・用土（寄居町）・北甘糟・小栗（児玉町）の足軽衆を同心衆として配属されたらしく、それについて、「何れも鑓《やり》について法度通りには装備していないので、すぐに青竹で代用してでも装備するように」「郷人についても以前の法度のように」「足軽のような出で立ちをして」「何時でも足軽衆の軍勢に加えて、歩《かち》足軽として、動員するように」といったように、郷人も歩足軽として動員することを、氏邦から命じられている（戦北三九八三）。

鉢形領に隣接する深谷領は、国衆・深谷上杉氏の領国であったが、氏邦の軍事指揮下にあったらしく、同氏の家臣で深谷領屈懸《くつかけ》（深谷市）を知行する岡谷隼人佐には、同村に足軽一〇人が存在していたことが知られるとともに（戦北三九八〇）、また氏邦からは、出陣の留守中、足軽はいうまでもなく、郷中の住人についても、遠くへ移動することを禁じられている（戦北三九七三）。留守中の防衛戦力とするためとみられる。

さらに天正十年、氏邦の重臣秩父孫二郎に出された着到帳《ちゃくとうちょう》には、規定された軍役数以外の動員兵力のなかに、折原衆三騎・野伏二三人・秋山衆一〇人・一騎田中彦右衛門などがみえている。このうち折原衆や田中彦右衛門は、他の史料でいう「一騎衆」にあたるとみられる。野伏・秋山衆は、人名が指定されていないから、集団としての動員であったとみられる（戦北二三一六）。

村の武力の内実

このように鉢形領においては、永禄年間（一五五八～七〇）頃から、村には領主からの軍事動員の対象となる「足軽」「一騎衆」「野伏」「郷人」「郷中にこれ有る者」「地下人」と呼ばれた存在があったことがわかる。それぞれの区分の詳細ははっきりせず、例えば「郷人」は一般の村人を指すとみられるが、これが動員されると「歩足軽」と称されて、兵士としての種別で示されている場合もあったらしいからである。

「足軽」「一騎衆」は同時にみえないから、実態は重なる場合が多いとみてよく、登場の在り方からすると、氏邦やその家臣の被官ではないものの、軍事動員に応じるべき存在であり、特定の人物であったことがうかがわれる。名字を持っているものは、間違いなく村の「侍衆」にあたっていた。そのなかでは小前田村の長谷部氏らのように、諸役免除をうけたり、給分を与えられて在村被官となる場合もみられていた。ただし、それらはあくまでも結果にすぎず、必ずしもそれが目的とされていたわけではなかったであろう。彼らこそが第一章で取り上げた、被官化した百姓にあたるが、それらを生み出した前提に、こうした村人の動員があったのである。おそらく、馬上の一騎侍の場合について「一騎衆」、歩兵の場合について「歩足軽」と称されていたと考えられる。

これに対して「野伏」は、人員が特定されない武力をいうのではないかと思われる。そして「郷人」「郷中にこれ有る者」「地下人」は、足軽・野伏と対比されているから、これらはすなわち一般の村人をいい、動員が恒常化されていない状況をいったと思われる。それらの足軽・一騎衆は、一〇人・三〇人などの単位で存在していることからみて、いずれも村の住人とみてよく、有力土豪が複数みえている場合があることから、それは村の武力の主要な一部にあたっていたとみてよいであろう。

鉢形領においては、そうした恒常的に軍役を負担する存在が、永禄年間には一般化していたことが知られる。もっとも氏邦の領域支配は、国衆・藤田氏の藤田領を継承したものであり、本格的な領域支配は、野上足軽衆が所見される前年の永禄七年（一五六四）から開始されることを踏まえると、そうした状況は、藤田氏段階からのものであったととらえるべきであろう。そうすると、村の武力の主要な一部について、恒常的に軍事動員の対象になっていたという状況は、むしろ戦国時代においては、本来的な在り方であったとみたほうがよいことになる。鉢形領においては、そのような状況が元亀・天正年間（一五七〇〜九二）においても繰り返し見られるが、それはむしろ、鉢形領がその時期まで最前線地域に位置し続けたため、そうした状況が継続していたと考えるべきであろう。

この状況は、室町時代後期の荘園制下における領主による村の軍事動員でみられた状況と同一といえる。また戦国時代初期の和泉日根庄（大阪府泉佐野市）では、領主・九条政基の軍事力が、村の武力を中心とするものであったり、和泉南部の村々が和泉守護あるいは紀伊根来寺《ねごろじ》との間に、軍事的に味方する関係（「絞《こう》の郷」）を恒常的に結んでいる状況とも共通している。畿内荘園においてその担い手であったのが「侍衆」であったが、それが鉢形領では「足軽衆」と称されていたとみられる。ちなみに上野ではそれらは「地衆」と称されたようであり、地域によって多様な呼称があったようである。

では「野伏」はどのような人がなったのであろうか。北条領国の場合ではないが、大和宇陀郡の土豪で伊勢北畠氏の被官になっていた沢氏に伝来された「沢氏古文書」のなかに、それをうかがわせる史料がある。そこには、百姓のなかで、進退が回復したら他の百姓と同じく普請役を負担するが、いまはそうではないので野伏役を務めている、ということがみえている。普請役を務めるのは、室町時代から「百姓役」と規定されていたが、それを務められないというのは、正規の百姓ではなくなってしまうのであろう。そしてその代替として「野伏役」を務めているというのであるから、村のなかで、百姓の進退に応じて、領主に対して負担させる役を割り振っていたことがうかがわれる。

土豪屋敷も防衛拠点

軍事最前線に位置した境目地域では、大名・領主の「城」だけでなく、村の土豪の屋敷も防衛拠点として機能していた。その場合も、村や土豪に対して諸役が減免された。こうした事態も、境目地域における村と戦争との関わりにみられる特徴といえるであろう。

武蔵八王子領由木郷（東京都八王子市）の土豪・小田野氏の場合をみてみよう。すでに八王子領の支城領主・北条氏照の被官になっており、永禄四年（一五六一）正月、上杉謙信の侵攻への対応として、由木郷の兵力とともに防戦するよう指示され（戦北六六二）、三月に上杉軍の進軍があると、小田野氏は「屋敷」で防戦にあたっている。ここで敵兵一五人を討ち取り、その頸を北条氏康が在陣していた相模津久井城（神奈川県相模原市）まで届けている。それに対して氏康からは、褒美の付与を約束されている（戦北六八〇）。この戦功により、小田野氏は新たな所領を与えられ、やがては氏照のもとで有力家臣にまで出世していくことになる。

次に武蔵鉢形領木部村（埼玉県美里町）の高柳氏の場合をみてみよう。元亀元年（一五七〇）五月、武田信玄の軍勢が鉢形領に侵攻してきているなか、高柳氏は屋敷を「寄居」として取り立てている。これは屋敷に防備施設を整えることを意味したものと考えられる。そしてこれに対して氏邦からは、税金を減免されている。具体的には屋敷への課税の免除であったとみられる（戦北一四一七）。

このように戦争が日常化していた領国境目地域では、村の土豪の屋敷が、防衛拠点として取り立てられていたのである。先ほどまでみてきたのは、戦国大名が村の武力を、自らの戦力として動員していた状況であった。いまここに防衛施設も、同じような状況にあったことがわかった。そうすると戦国大名の戦争においては、戦力も軍事施設も、大名・領主が恒常的に維持していた分だけでは、賄《まかな》い切れていなかった様子がみえてくる。そこでは在地の村の武力や防衛施設が、恒常的に、正規軍や軍事施設を補完する役割を担っていたのである。このことが意味しているのは、そもそも戦国大名の戦争は、正規軍だけでは成り立たず、当初から村の武力の動員を内包していた、ということであろう。

このことは、以後の豊臣大名（豊臣政権期の大名）や近世大名（江戸時代の大名）においても変わらなかったとみられる。よくいわれていることに、豊臣大名は、「兵農分離」を遂げた常備軍によって構成されていたので、戦国大名に対して軍事的に優越していた、といったものがある。しかし、この理解も成り立たない。戦争のなくなった江戸時代、大名の江戸幕府に対する軍役負担は、参勤交代や普請役の負担にとってかわった。ところが、必要な人数を恒常的に抱えていたのかというと実態はほど遠かった。そうした場面になると、不足分については、領内の百姓を臨時に被官化して、帳尻を合わせていたというのが実情なのだ。つまり不足分を補うといった状況は、戦国大名の時とまったく変わっていない。そしてよく知られているように、幕末の戦争では、百姓が大量に武士化された。戦争は正規兵だけでは、どんな時代も行えなかった、ということである。

境目地域の土豪が、戦功をあげて大名・領主の家臣になったとしても、在村被官となっただけでは、基本的な属性は百姓のままであったから、当然のことながら在村を続けた。そうした存在が、他所で多くの所領を獲得して、存立の基本が給人という性格に変わり、大名・国衆に対して「常の奉公」を行うようになった場合、おのずと彼らが在村する割合は少なくなってくる。所領に見合った、さまざまな奉公を行うため、戦陣や大名・国衆本拠での勤務などが生じてくるからである。

しかし土豪らの屋敷は、それまでと変わらず本拠として維持された。いざという時に防衛拠点の役割を担うことになったからである。これは上級の家臣の場合であっても事情は同じであろう。戦国大名や国衆の家臣・被官が本拠との関係を切断することは、ほとんどなかった。こうした状況について、豊臣大名や近世大名の場合では、家臣・被官の多くが本拠から離れて城下に居住していることと比較して、戦国大名は後進的で、豊臣・近世大名は先進的とするような、先進・後進の枠組みを当てはめたり、その背景に「兵農分離」政策の有無が持ち込まれることが多い。しかし事の本質は、戦争が日常であったかどうかの違いによるにすぎなかった、と考えられる。

領国中枢地域での変化

戦国大名の戦争では、軍事的に最前線にある地域においては、恒常的に村の武力の動員が行われていたという状況こそが、一般的な事態であった一方で、それとは状況が異なる地域もあった。それがその内側に展開していた、北条氏の本国地域とその隣接領域であった。そこでは鉢形領でみられたような、村人に対しての日常的ともいえる軍事動員は、永禄年間（一五五八

～七〇）にはもはや行われていない。おそらくそれらの地域も、軍事的最前線に位置した時期には、鉢形領の場合のような事態がみられていたに違いない。しかし軍事的最前線地域としての性格から解放されると、そのような村人の軍事動員は必要なくなり、それらは家臣化した給人・被官によって果たされていくことになった。

そもそも村への軍事動員は、中世を通じて、地域防衛と一体化する場合にのみ実現しうるものであった。鉢形領の場合でも、上吉田村の武力が、隣接する石間谷や日尾城での防衛に参加しているように、そのことは変わっていない。このことからすると、すでに防衛戦争の存在が常態ではなくなった地域において、村の軍事動員が行われなくなるのは必然であった。戦国大名の戦争は、それらの地域から遠く隔たった最前線地域で行われ、その軍事力は家臣という正規兵によって担われる。それらの正規兵の多くは、本国地域の村出身者であったが、家臣化し、さらに知行を与えられて、兵に特化していく存在となっていく。ただしその一方で、被官関係を断絶して百姓としての立場に特化していく存在もみられた。

さらに村のなかで、村への軍事動員の担い手であった「侍衆」の役割も消滅し、それらは「主を持たない」百姓としての性格に特化していくことになる。村のなかにおける「侍衆」身分は存続したであろうが、大名との関係において、軍事負担を行わなくなった「侍衆」は、大名からは百姓としてのみ位置付けられていくのも、必然の動向といえるであろう。このように本国地域においては、兵と百姓とに二分されていく状況が、地域平和の展開のなかで進展していったと考えられる。

このような本国地域にあって、再び村の武力の動員が図られていく事態が生まれてくる。北条氏の場合でいうと、「御国《おくに》」論理を生み出した段階でのことであった。大名家の存亡の危機に際して、村に対して規定以上の防衛のための負担を強いようとしたものであり、そのなかに「人改令《ひとあらためれい》」による、村の武力の動員があった。具体的には、永禄十二年（一五六九）から元亀二年（一五七一）における武田氏との戦争、天正十五年（一五八七）以降における羽柴氏との対戦にみられた。

「人改」という村人に対する調査を、村ごとに行い、一五歳から六〇歳、あるいは七〇歳までの成人男子すべて、すなわち村の戦士にあたる人々のリストを作成させた。そのうえで村高に応じて、およそ村高二〇貫文につき一人の割合で、兵としての出陣を命じた。ただし動員期間は二〇日とし、武具については本人が持参することとされたが、その間の兵糧については支給された。さらに戦功があった場合には、戦後に褒美を与えるというものであった。褒美には、田地給与による家臣化、減税、現金支給などが想定されていた。

ただしそのように兵として動員されたとはいえ、正規軍との間には明確な役割分担がなされていた。「御扶助の侍」と称された、知行を与えられている給人は、最前線に投入することとし、そうすると本国地域の諸城の守備兵が不足することになるので、その留守番を務める、というものであった。あくまでも後方配備であった。また兵糧については、正規兵であれば自弁が原則であったから、ここで支給の対象になるということは、そうした正規兵とは明確に区別された存在であったことを示している。

こうして「御国」の論理に基づいた人改令によって、本国地域の村々に対して、臨時の兵役を負担させることがみられた。実際に出陣したのは、もともと村で武力担当であった「侍衆」であった場合が多かったようであるが、北条氏は彼らに対し、実際に出陣を命じるにあたって、

抑もか様の乱世の時は、さりとては其の国にこれ有る者は、まかり出て走り廻らずして叶わざる意趣に候、

《訳》

そもそもこのように戦乱が続く時勢では、どうしてもその国にいる者は、出てきて働かないわけにはいかない、という考えです。

と、「御国」にいて、その平和を享受してきたのだから、「御国」の危機には「御国」の維持のために働くべきだ、という論理を振りかざして、納得させようとしている（戦北一三八四〜五）。

このような本国地域に対する人改令の発令は、村への軍事動員がみられない状況が常態化していたなかで、領国存亡の危機にあって、あらためて村への軍事動員を図るために生み出されたものといえる。最前線となった八王子領では、実際には防衛戦争への動員もみられていた。しかしそれが受け容れられたのは、先に触れたように、村にとって地域防衛の一環と認識できるものであったことによるのだろう。またそれ以外の地域では、最寄りの軍事拠点への守備に限られたのも、同様の論理からと考えられる。ただ、軍事動員が常態化していなかったため、村高に応じた人数の動員や、動員日数などについて、制限されることになったのであろう。すでに村への軍事動員がほとんどみられなくなっていたがゆえに、大きな制約がともなっていたとみることができる。

ところが、注目すべき事態ととらえられるのが、本国地域の百姓に対し、百姓としての職能のまま、戦場地域に動員するという在り方がみられるようになることである。事例としては一例のみしか確認されないが、天正九年（一五八一）四月、北条氏は隣接する武田氏との戦争に際して、武田領の駿河御厨地域の深沢（静岡県御殿場市）に侵攻し、相模一国から「鍬《くわ》持」すなわち百姓を召集し、敵地での「作毛《さくもう》」の「穿鑿《せんさく》」、すなわち夏麦の収穫を行わせたことが知られる（戦房一七九六）。

ここでは北条軍の出陣があり、その護衛のもとで、北条領の百姓が敵地で作毛の収穫を行っている状況が推測される。この事実から、百姓であっても大名の戦争とまったく無関係ではなく、協力を行っていたこと、それは以前のように軍事そのものではなく、百姓の職能に応じた行動に変化していることを読み取ることができる。このことを踏まえるならば、本国地域の村においては、通常は百姓の職能において戦争に協力していた状況を想定できることとなろう。とすれば、人改令による軍事動員は、国家防衛戦争という限定された局面において、一時的に兵として戦争に協力させる性格のものとみることができる。

境目の戦場と半手

戦国大名領国を単位にして平和領域が展開していったなか、領国境目地域は日常的な戦場地域だった。それでも隣接しあう大名同士が同盟関係にあれば、戦争は行われなくなり、日常的な交流も維持され、人返しの協定も結ばれれば、逃亡人の相互返還なども行われた。しかし敵対関係にある場合には、まさに戦禍の坩堝《るつぼ》であり、朝晩を問わず、敵方軍勢による容赦のない掠奪の被害にあった。こうした境目地域こそ、戦国大名が構築する平和から取り残された存在であった。しかしそうした村々も、独自の平和を作り出す仕組みを作り上げていた。本章での最後に、この問題を取り上げることにしたい。

村々は、国衆の領域を規定し、相互の紛争が国衆同士の戦争を生じさせるような、戦争の主体でもあったが、それは逆にいえば、自らの平和を実現するための手段であったから、同時に平和の主体であった。そして村々は、個々の平和だけでなく、時として、連合して一定地域の平和を実現する仕組みも作り上げていた。それは「半手《はんて》」といわれた。それは境目の「無事」といわれているから、領域の境目で作り出される、平和の一つの形態だった。

敵対する領域の境目では、軍隊同士の戦争が行われていない時でも、事実上、戦争の状態にあった。掠奪目的の敵方の足軽たちによって、「夜盗・朝かけ・乗り込み」などと称された、時と場所を構わぬ掠奪のための行動が繰り広げられていた。こうした行為に、村は自前の武力によって対抗するが、何しろ相手は戦争屋であるから、いつも撃退できるとは限らない。しかも朝も夜もお構いなしの攻撃である。そうした状態が続くと、やがて村人たちのなかには、その村から離れて、別の安全な場所に移住しようとする者も出てくる。

そうなると、村そのものの存立が危うくなるから、その前に、領主に保護を要請する。領主の武力によって、足軽たちの攻撃を撃退したり、かわそうとするものだった。それがそのまま国衆同士の本格的な戦争に展開していく場合も少なくなかったであろう。しかし領域の境目の多くで、そうした状態になっていたとしたら、国衆もすべての境目を防衛することは事実上、不可能である。戦力には限りがあるからだ。

「半手」とは、こうした状況から生み出された。敵対する双方の国衆らに対して、年貢・公事を半分ずつ負担することの引き替えに、そうした掠奪行為の禁止を保証してもらうのである。そもそも年貢・公事の負担は、その領主から保護をうけるためのものだった。しかし敵方からの攻撃を回避できないから、相手方にも半分の年貢・公事を支払うことで、敵方から攻撃をうけないようにするのである。「半手」はまた、「半済」「半納」とも称されたが、それはこの年貢・公事の半分負担、という行為を表現したものである。「半手」が成立すると、かつて掠奪された村人なども返還された。

しかし「半手」は、年貢・公事の負担ばかりを指すだけでなかった。むしろ「半手」という呼称に、戦国時代特有の性格が表現されている。「半」というのは、中間という意味である。「手」というのは、配下という意味であるが、戦国時代ではほぼ軍勢という意味に等しい。自分の配下の軍勢を「当手《とうて》」というが、その「手」である。だから「半手」というのは、「当手」と「相手」の中間という意味である。味方でもないし、敵でもない、という存在になる。

村といえども、大名・国衆の戦争と無縁ではなかったことは、すでにみてきた通りである。年貢・公事のなかには、城郭の構築・修理のための普請役や、戦場での荷物の運搬のための陣夫役があった。戦争費用を直接負担していたのである。しかし境目の村は、それだけでなかった。軍事行動に際して、敵方への案内を務めるのである。もっと具体的にいえば、隣の村が敵方だったら、村として自前の武力を動員して、その村に攻め込んで、正規軍の先導をするのである。それが味方の表明であり、味方であることの義務になっていた。境目の戦場では、そうしたことが繰り広げられていた。だから領域の拡大というのは、そうした村が順々に味方になるということであり、新しく味方になった村は、さらにその隣の村に攻め込んでいく。戦線の移動というのは、そうした具合ですすんでいくのだった。

「半手」の村も、双方に年貢・公事を負担しているのだから、双方に対して戦争費用を負担していることになる、両属の状態だ。ただその両属は同時に、中立を意味した。軍事行動には参加しなかったからだ。「半手の儀は、双方働き候とも、何方へも罷《ま》かり出でぬ方にて候（半手というのは、双方が軍事行動をしても、どちらにも加担しないものだ）」（「鑁阿寺《ばんなじ》文書」）といわれている。これこそが「半手」の本質を表現している。

「半手」は、軍事的中立地帯が生まれるということだった。戦争のなかで、そうした「半手」の地域が成立するというのは、その地域に一時的な平和が成立する、ということであった。

「半手」は、村々の要求をもとに成立するが、要求すればただちに成立するわけではない。双方の大名・国衆が承知しないとならないからだ。実際、「半手」を申請しても、却下されている事例もある。あるいは、「半手」などを成立させないよう、大名が境目の国衆に念を押している事例もある。

逆に「半手」の解消は、一方への軍事的加担を意味した。「半手」地域で、新たに戦争が生じそうになった場合、互いの大名・国衆は、味方になるよう誘い、あるいは「半手」を続けるのかどうかの確認をした。「半手」を解消し、一方の味方の立場をとった村は、相手方からは「手切れの郷」といわれた。断交した村、という意味である。相手方は、ただちにそうした村を攻撃した。村が、大名との戦争においても、一個の主体として存在していたことがわかる。村は、ただ支配されたり、保護されたりするだけの存在では、決してなかった。

軍事的中立であるというのは、その反面、どちらからも軍事的な保護はうけられないことでもあった。周辺で再び戦争状態になると、「半手」の村人は、それぞれの味方の村への出入りを停止させられた（戦武三八六〇）。あるいは領域の城への避難も拒否された（戦古一〇一八）。半分、敵の扱いである。またそうした戦時には、荷留めという、物流停止の政策がとられるから、周囲から孤立しかねなかった。さらに掠奪目的の足軽たちが、構わずに乱入してきた場合には、自力によって撃退しなければならなかった。中立というのは、それこそ自力で存立することだった。

地域が平和領域を創造

「半手」は、一個の村で成立するようなものではなく、一定地域のまとまった村々によって成立している。むしろそうしたまとまったある地域が、中立地帯になっていることに、重要な意味があった。そうした「半手」地域においては、その存在によって、敵対する双方が直接に接触することが回避されるとともに、そこでは双方からの出入りが維持された。

関東では、相模津久井領の甲斐国境地域、武蔵江戸領と岩付領の境界、相模三浦半島と西上総の沿岸部、武蔵御嶽領と上野浄法寺領の境界の神流川流域、下野小山領と中茎《なかぐき》領の境界の思川流域、常陸牛久領と下妻領の境界などで、「半手」地域が存在していたことが確認されている。注目しておくべきは、これらの地域のほとんどは、津久井領の甲斐国境地域、三浦半島と西上総、神流川流域、思川流域などにみられるように、流通上の要地にあたっている、ということである。

流通上の要地というのは、その地域だけでなく、周辺の村々の存立にとって、欠かせない役割を担っていた。村々は、必ずしも生活必需物資すべてを生産しているわけではない。最も典型的な物資は塩であろう。内陸部の村すべて、塩は移入しているのである。流通上の要地というのは、すなわちそうした流通品の経由地であり、周辺地域の村々もそこからこうした物資を獲得していた。移入だけではない。「村の成り立ち」のための、外部への移出品も、そうした地を通じてなされた。

しかしそうした地域が、ちょうど政治的境界地域に一致し、さらに敵対関係になって、領域単位の荷留め政策がとられてしまうと、流通は停止してしまう。そうすると、周辺地域の村々

北条領国における「半手」分布図

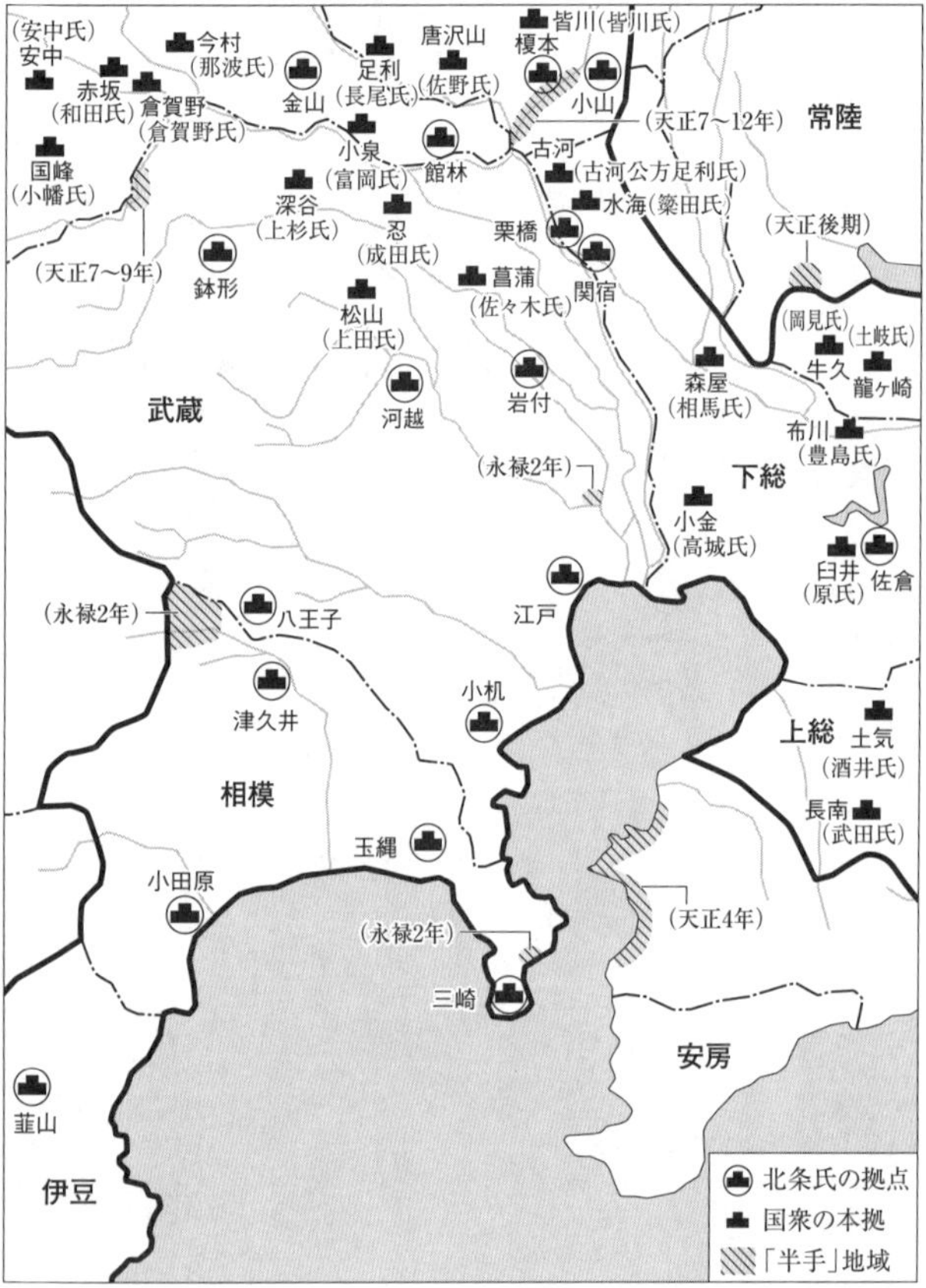

の「成り立ち」にも大きな影響が出る。物資流通のための別ルートを確保できればいいが、そうでない地域は、それこそ死活問題になる。しかし「半手」地域であることによって、双方の出入りが維持されるから、それによって流通も維持されることになる。すなわち「半手」地域とは、敵対双方の交流が実現され、維持される地域であった。

こうしたことから「半手」地域は、単に一地域だけでなく、それを通じて「村の成り立ち」を維持している、周辺地域の村々にとっても重要な意味を持った。むしろ、そうした周辺の村々からの求めによって、敵対双方の大名・国衆も、「半手」地域の成立を容認せざるをえなかったのだろう。だから「半手」地域は、その地域だけでなく、周辺村々の意志をも反映して、創り出された平和領域だった。

そしてそうした動向が、さらに大名同士の和睦をも成立させることがあった。先にも触れたが、三浦半島と西上総沿岸部には「半手」地域が形成されていた。北条氏と里見氏の領国にまたがる境界地域である。北条氏は、西上総の「半手」村からの年貢収取は、天神山湊（千葉県富津市）の有力住人の野中氏に委託していた。これはすなわち、その「半手」地域の形成にあたって、野中氏が尽力した結果であろう。野中氏は、東京湾を舞台に商圏を形成していた流通商人であった。さらにその野中氏は、北条氏と里見氏との和睦の中人としても伝えられている。何時《いつ》の和睦の時かまでははっきりしないが、おそらく「半手」地域の形成にともなって、両氏の間に和睦が成立したのであろう。

大名同士の和睦を、在地の住人が仲介することは、決して珍しいことではない。永正元年(一五〇四)、和泉守護の細川氏と紀伊根来寺の和睦は、中間に位置する和泉日根郡の村々が、双方に働きかけて、成立したものだった。和睦と同時に、日根郡一郡が「半済」となった。日根郡の村々は、細川領の佐野市と、紀伊側の粉河市に出入りしなければ、一日たりとも生活できない、といわれるような地域だった(「政基公旅引付」)。

永正十五年の、甲斐郡内の国衆・小山田氏と駿河の戦国大名・今川氏の和睦も、郡内内野村(山梨県忍野村)の有力住人・渡辺式部丞の仲介によるものだった。郡内という地域も、駿河との交流なくして存立しない地域だった。今川氏との戦争により、駿河との通路が封鎖され流通が停止していた。そのため地域が主体になって、双方に働きかけ、和睦を実現させたのだろう(「勝山記」)。

これらの事例は、在地の住人が両大名の和睦を仲介したことが史料に明記されたからわかるのである。史料には記されなくても、実際には在地の住人の仲介によって、大名同士の和睦が成立された事例は、他にもあったと考えられる。村々の存立のためのエネルギーは、時に大名同士の和睦をも成立させるほど、大きな政治力を発揮した。大名の戦争も平和も、その根底ではこうした村々の動きに規定されていたのだった。

終章　戦国大名から近世大名へ

信長・秀吉の評価

現在でも通説的な評価とされているのが、天下人となった織田信長・羽柴（豊臣）秀吉は、他の戦国大名よりも先進性があり、それゆえ天下一統をすすめ、近世社会の扉を開けた、といったような理解である。その前提には、近代思想に特有の、因果関係によって物事の変化を説明しようとする思考方法と、政治権力の政策に目的性を設定する政策決定論的な思考方法がある。そのため、新しい近世社会は織豊政権から始まるのであって、信長・秀吉の政策には、他の戦国大名にはない、画期的な要素があるはずだ、そうであるからこそ、信長・秀吉が天下一統を推進することができたのだ、という発想にいたる。しかしこうした思考方法は、歴史的結果からその必然性を探る、典型的な予定調和論である。

信長・秀吉に対するそのような評価は、戦前からみられるから、これはまさに近代歴史学の展開に呼応したものであった。そして先進性を生み出す要因として、経済が措定され、とりわけ戦後になって、秀吉の「太閤検地論」が画期的とされたり、それが「兵農分離論」と融合されたり、さらに遡って信長の経済政策に画期性を見出そうとする見解などが生み出されていった。「太閤検地」「石高制」「兵農分離」「楽市・楽座」「一向一揆との対決」「貨幣政策」など、ありとあらゆる側面において、その先進性・画期性探しが行われていった。その結果、戦国大名と織豊政権は異質の存在と規定され、相互の研究交流もなくなり、中近世移行期断絶論が展開された。現在の通説的な理解は、そうしたほぼ一九七〇年代までの研究成果に基づいたものとなっている。

状況に変化がみられるようになったのは、一九八〇年代になってからのことになる。勝俣鎮夫・藤木久志両氏の研究を先鋒として、中世から近世にかけての自力救済凍結の過程の追究、社会主体としての村落論、中世における慢性的飢饉状況の追究などが展開されるようになり、一五世紀から一七世紀を通じた社会展開の解明がすすめられるようになった。これをうけて必然的に、権力論においてもそれに対応した研究が展開されていくことが予想されたが、残念なことに現在にいたっても、それは充分な進展をみていない。

理由は単純なことである。戦国大名研究と織豊政権研究が、いまだ分離して行われているからである。先にみた織豊政権に関する研究は七〇年代で終わり、以後は停滞していた。近年になって再び研究は厚くなってきているものの、ほとんどは政治史研究であり、それ以前にみられた在地構造論の側面において、みるべき研究はあらわれていない。たいていはその側面に関しては、七〇年代までの認識のままとなっている。しかし最近になって、ようやく具体的な研究もみられ始めており、事例の認識はすすみつつある。他方、戦国大名研究が本格化したのは、一九八〇年代になってからのことであり、現在の水準にいたったのは、九〇年代以降の研究の成果といえる。私もそうしたなかで研究してきたものであるし、本書の内容も、この段階での研究のなかで構築されたものとなっている。

そのなかで、従来における織豊政権論の内容には、本質的に不備があることが徐々に明らかになっていき、それらの議論の基本部分すら成立しない状況が認識されるようになっていった。しかし現状において、戦国大名研究と織豊政権研究は、研究者的にも分離して展開されている。いまだ双方を通じた一貫的な研究はあらわれていないといってよく、それゆえに本質的な研究の進展がみられないのである。その重要な背景にあるのが、織豊大名関係史料の未翻刻状態である。戦国大名に関しては現在、主要な大名についての網羅的な史料集が整備されつつあるが、織豊政権に関しては、誰もが手軽に利用でき、かつ網羅性の高い史料集が、まったくといっていいほど整備されていない。これでは、在地構造論的な側面における研究がなかなか進展をみないのも、道理であろう。

そうしたなかで最近、戦国大名研究の若手研究者を中心に、織田大名の領国支配に関する研究が出され（戦国史研究会編『織田権力の領域支配』岩田書院、二〇一一年）、戦国大名研究を行っていた池上裕子氏による『織田信長』（人物叢書　吉川弘文館、二〇一二年）が出された。いずれにも共通しているのは、戦国大名研究者による織田権力論となっていることであり、戦国大名と比較した場合、大きな違いはないという結果が出されていることである。現状では、織豊政権研究者が戦国大名研究に遡ってくることはみられないから、このようにして、戦国大名研究者がさらに織豊政権研究をも対象にしていくことによってしか、本質的な研究の進展は望めそうにない。

織豊期のとらえ方

こうした研究の現状を踏まえて、本書では、織豊期に関わる発言を、必要最低限の範囲に限られたが、努めて行ってきた。従来の研究では、戦国大名段階と織豊政権段階で質的に異なるものとされてきた事柄であったが、それに対する私の理解・認識を提示してきた。その結果は、端的にいえば、それらの問題は決して両者の異質さを示すものではなかった、ということである。

しかし考えてみれば、それはむしろ当然のことであろう。信長も秀吉も、戦国大名と同時代の領域権力であったのであるから。とりわけ信長についていえば、本書で扱った戦国大名の範囲は、信長の死去から一〇年ほど先までを含んでいるのである。また同時期について比較してみても、信長の領国支配に、他の戦国大名よりも「先進性」のような要素はみられない。むしろ信長は最終段階に入ってようやく、他の戦国大名が到達しているレベルに追いついてきた、という表現も可能なほどである。

領域権力に地域性があるのは当然である。北条氏と武田氏との間にも、地域性に基づいた違いがある。第二章で述べたように、「国役」公事の賦課基準が、北条氏では、田畠面積に基づく村高であったのに対し、武田氏は棟別間数にあった、といった具合である。さらに全体的な収取体系が整備されている東国大名と、そうした側面がなかなかうかがえない西国大名といった側面もある。しかしそれらに、歴史的段階を異にするような質的な差を見出すことは不可能であろう。それらはそうした変化をもたらした、社会背景の違い、あるいは時期の違いなどとして把握するのが適当であろう。

あえて戦国大名段階と織豊政権段階において違いをみるならば、例えば天正十六年(一五八八)以降、秀吉は全国を対象にした統一法令を発令していくようになり(刀狩り・人払いなど)、これは確かに戦国大名にはみられない事態である。しかしそれは天下人として、全国政権としての側面にあたる。領域権力としての側面をみるならば、実際の領国支配の在り方をみていくべきであろう。西国大名において、東国大名のような収取体系の整備がすすめられたのは、朝鮮侵略戦争の段階でみられているようであるが、その根底にあるのは「村の成り立ち」の危機状況とみえる。収取体系の整備などの問題は「村の成り立ち」の危機に、何時どのように対応したか、という時期的な問題に解消可能なことといえよう。

その際に、明確に認識しておくべき問題が、戦争状況の停止という事態、それにともなう社会変化である。戦国社会を根本的に規定していた、日常的な戦争状況の克服が、大名の在り方に変化を与えないわけがない。その結果としてみられたものを、戦国大名と織豊政権との間に存在したかのようにとらえることはできないはずである。例えば、豊臣大名による新入部時の領国一斉検地や、転封にともなう給人・被官の移住といった事態がある。しかしこれらは、戦争の日常化の克服のうえでの出来事であろう。それによって相応の変化が生じるのは当然である。しかしその変化が、領域権力として質的なものであったのか、それとも領域権力としての性質は同じであるなかでの、状況対応の範囲内のものであったのか、その見極めが重要であろう。

あるいは天下一統後、東国大名が豊臣取立大名（いわゆる秀吉の子飼い大名）の在り方をみて、家臣構成が門閥にとらわれない能力主義が徹底されていることに驚いていたり、豊臣取立大名とその家臣たちに、出世に対する貪欲さが顕著にみられること、などについてはどうであろうか。ともに、豊臣取立大名はもともと譜代家臣などを持たない存在であったから、家臣構成が能力主義になるのは必然であろう。問題はそうした大名家も二、三代経過したらどうなったであろうか。逆にいえば、戦国大名も創立段階はどうであったろうか。越前朝倉氏も、門閥にとらわれず、能力主義をうたっているし、北条氏綱もそうであった。

したがって重要なのは、織豊期のみを取り出して、その時点における戦国大名と豊臣取立大名における表面的な違いに目を奪われることなく、戦国大名から近世大名までの長いスパンのなかで、領域権力としての在り方をとらえたうえで、判断していくことと考えられる。

戦争を前提としない権力へ

戦国大名は、たとえその家が存続したとしても、豊臣政権に服属した時点で、戦国大名ではなくなり、豊臣大名と定義される。戦国大名は、「惣国」における最高支配権者という存在であったが、豊臣政権に服属したことによって、自力救済機能が抑制されるからである。もちろん領国支配については独立的に展開し、豊臣政権から、領国内の民衆に対して直接に公事賦課などがあるわけではない。こうした在り方を、豊臣期以降については「自分仕置権」と称している。しかしこうした状況は、戦国大名と国衆との関係と相似している。換言すれば、戦国大名は豊臣政権に従属したことで、国衆のような存在になった、ということである。

豊臣期になると「大名」の定義も変わってくる。江戸時代においては、よく知られているように、知行一万石以上が「大名」となるが、豊臣期についてはそのような規定はない。研究的にも明確な定義はされていないが、それでも半国レベル以上の領域権力を対象にして、大名と呼称しているようであるから、戦国大名・国衆の場合と質的には変わらない。しかし江戸時代の大名規定は、完全に身分制としての規定になるから、定義の次元が異なっている。

そうすると戦国時代から江戸時代を通じて、大名権力をとらえようとすれば、江戸時代については、身分としての「大名」ではなく、むしろ一円的な領国支配を展開しているか、という在り方を基準にみていかなければならない。それは豊臣期についても同様といえ、一円的な領国支配を行っていない領主については、羽柴氏や徳川氏の給人ととらえておくのが妥当であろう。したがって通時的に大名権力の分析対象になるのは、一円的な領国支配を展開していた領域権力、となる。江戸時代でいえば、だいたいは国主レベルの大名となる。

豊臣期以降において、旧戦国大名にみられた変化としてまずあげられるのが、国衆の家臣化であろう。以後において国衆は、譜代家臣と同列化して、大名の家中構成員となって、大名家政に参加していく。多くの国衆が家老になっている。しかし、自立的な領域支配の側面については、必ずしも否定されるわけではなかった。近世大名の一門や家老で、一円的な領域支配を行っていた存在は珍しいものではない。したがって、この部分に関しては、近世大名の要件となったわけではなかった。

また豊臣期以降に顕著にみられるのが、大名自体の転封、それにともなう給人の知行替えの頻発、である。これを従来の研究では、領主層の在地性を奪う、「兵農分離」政策として評価してきた。しかし戦国大名においても、国衆の転封や給人の知行替えがなかったわけではなかった。そうすると違いはその頻度となり、さらにその政治的契機の違い、と理解される。ただ、そもそもそれらの事態が、大名権力の性格を質的に変えるものであったのかどうか、ということ自体があらためて問われなければならないのではないか。旧戦国大名のなかには、転封を経験していない大名も存在するのである。それらを含めて近世大名であり、そのなかでの共通事項が、歴史的性格として評価される対象とならなければいけない。

そうしたなかで、戦国大名と近世大名との決定的な違いとは、戦時体制の現実性の有無ではないか。この部分でいえば、豊臣大名は天下一統後も朝鮮侵略戦争というかたちで戦争を継続していたから、戦国大名に類似する。大坂合戦後のいわゆる「元和《げんな》偃武《えんぶ》」以降における変化が注目される。第二章でみたように、戦国大名の収取体系は、戦争費用の調達を基幹にして構築されていた。また第五章で触れたように、大名・国衆ともに、上納金や戦争費用の援助などから、財政において戦争関係の収入・支出が大きな割合を占めていたと考えられる。

戦争状況の終結は、そうした財政構造を自然と転換させずにはおかなかったはずである。その結果として、戦争を前提としない大名権力の在り方へと転換をみたに違いない。その帰結として、一七世紀後半における、いわゆる「前期藩政改革」を経過した姿をみることは、現在のところ有効と考える。それらの改革はたいてい、災害・飢饉を契機にし、領国内の「村の成り立ち」を図ってすすめられたものであった。それがその後における慢性的飢饉状況の克服に繋がっていくと考えられる。

戦国大名は、災害・飢饉が頻発していたなかでも、戦争への対応を重要な柱としていたが、一七世紀以降の大名は、災害・飢饉に全力をあげて対応できる状況になっていた。それまで多くかかっていた軍事支出の大部分を、社会資本整備や社会保障にあてていったといえる。その在り方が、以後二〇〇年にわたる江戸時代の平和における、重要な柱をなしていた可能性がある。ここに、戦国社会から近世社会への転換をとらえるうえで、一七世紀における大名権力研究の重要性をみることができる。今後における研究の進展が、何よりも待ち望まれる。

主要参考文献

本書執筆にあたっては多くの先行研究の学恩をうけているが、新書という性格上、すべてをあげることは難しい。そのため読者の便宜を図って、さらに詳しく調べられるように、近年に刊行された単行本を中心にあげておくことにしたい。この点、先学諸氏にはご理解を頂戴したい。

浅倉直美『後北条領国の地域的展開』(戦国史研究叢書2　岩田書院、一九九七年)
浅野晴樹・斎藤慎一編『中世東国の世界3　戦国大名北条氏』(高志書院、二〇〇八年)
阿部浩一『戦国期の徳政と地域社会』(吉川弘文館、二〇〇一年)
有光友学『戦国大名今川氏の研究』(吉川弘文館、一九九四年)
『戦国大名今川氏と葛山氏』(吉川弘文館、二〇一三年)
同編『日本の時代史12　戦国の地域国家』(吉川弘文館、二〇〇三年)
池　享『戦国期の地域社会と権力』(吉川弘文館、二〇一〇年)
『日本中近世移行論』(中世史選書6　同成社、二〇一〇年)
池上裕子『集英社版　日本の歴史10　戦国の群像』(集英社、一九九二年)
『戦国時代社会構造の研究』(校倉書房、一九九九年)

『日本の歴史15　織豊政権と江戸幕府』（講談社、二〇〇二年）
市村高男『日本中近世移行期論』（校倉書房、二〇一二年）
『戦国期東国の都市と権力』（思文閣出版、一九九四年）
稲葉継陽『戦国時代の荘園制と村落』（校倉書房、一九九八年）
『日本近世社会形成史論』（校倉書房、二〇〇九年）
浦長瀬隆『中近世日本貨幣流通史』（神戸大学経済学叢書9　勁草書房、二〇〇一年）
大塚　勲『今川氏と遠江・駿河の中世』（地域の中世5　岩田書院、二〇〇八年）
奥野高広『戦国大名』（塙選書9　塙書房、一九六〇年）
小和田哲男『戦国大名』（教育社歴史新書〈日本史〉55　教育社、一九七八年）
勝俣鎮夫『戦国法成立史論』（東京大学出版会、一九七九年）
『戦国時代論』（岩波書店、一九九六年）
神田千里『日本の中世11　戦国乱世を生きる力』（中央公論新社、二〇〇二年）
『土一揆の時代』（歴史文化ライブラリー181　吉川弘文館、二〇〇四年）
『戦国時代の自力と秩序』（吉川弘文館、二〇一三年）
鍛代敏雄『中世後期の寺社と経済』（思文閣出版、一九九九年）
『戦国期の石清水と本願寺』（法藏館、二〇〇八年）
久保健一郎『戦国大名と公儀』（校倉書房、二〇〇一年）
久留島典子『日本の歴史13　一揆と戦国大名』（講談社、二〇〇一年）

黒田基樹『戦国大名北条氏の領国支配』(戦国史研究叢書1　岩田書院、一九九五年)
『戦国大名と外様国衆』(文献出版、一九九七年)
『戦国大名領国の支配構造』(岩田書院、一九九七年)
『戦国期東国の大名と国衆』(岩田書院、二〇〇一年)
『中近世移行期の大名権力と村落』(校倉書房、二〇〇三年)
『戦国大名の危機管理』(歴史文化ライブラリー200　吉川弘文館、二〇〇五年)
『百姓から見た戦国大名』(ちくま新書618　筑摩書房、二〇〇六年)
『戦国の房総と北条氏』(地域の中世4　岩田書院、二〇〇八年)
『戦国期領域権力と地域社会』(中世史研究叢書15　岩田書院、二〇〇九年)
『戦国期の債務と徳政』(校倉書房、二〇〇九年)
『戦国関東の覇権戦争』(歴史新書y17　洋泉社、二〇一一年)
同編『別冊太陽　日本のこころ171　戦国大名』(平凡社、二〇一〇年)
『北条氏年表』(高志書院、二〇一三年)
坂田聡・榎原雅治・稲葉継陽『日本の中世12　村の戦争と平和』(中央公論新社、二〇〇二年)
佐脇栄智『後北条氏の基礎研究』(吉川弘文館、一九七六年)
『後北条氏と領国経営』(吉川弘文館、一九九七年)
柴辻俊六編『新版　武田信玄のすべて』(新人物往来社、二〇〇八年)
柴辻俊六・平山優編『武田勝頼のすべて』(新人物往来社、二〇〇七年)

白川部達夫『日本近世の自立と連帯』（東京大学出版会、二〇一〇年）
中口久夫『太閤検地と徴租法』（清文堂出版、二〇一二年）
則竹雄一『戦国大名領国の権力構造』（吉川弘文館、二〇〇五年）
長谷川裕子『中近世移行期における村の生存と土豪』（校倉書房、二〇〇九年）
平山　優『武田信玄』（歴史文化ライブラリー221　吉川弘文館、二〇〇六年）
平山優・丸島和洋編『戦国大名武田氏の権力と支配』（岩田書院、二〇〇八年）
藤木久志『豊臣平和令と戦国社会』（東京大学出版会、一九八五年）
『戦国の作法』（講談社学術文庫１８９７　講談社、二〇〇八年、初版一九八七年）
『戦国史をみる目』（校倉書房、一九九五年）
『新版　雑兵たちの戦場』（朝日選書777　朝日新聞社、二〇〇五年、初版一九九五年）
『村と領主の戦国世界』（東京大学出版会、一九九七年）
『戦国の村を行く』（朝日選書579　朝日新聞社、一九九七年）
『飢餓と戦争の戦国を行く』（朝日選書687　朝日新聞社、二〇〇一年）
『刀狩り』（岩波新書965　岩波書店、二〇〇五年）
『土一揆と城の戦国を行く』（朝日選書808　朝日新聞社、二〇〇六年）
藤木久志・黒田基樹編『定本・北条氏康』（高志書院、二〇〇四年）
丸島和洋『戦国大名武田氏の権力構造』（思文閣出版、二〇一一年）
『戦国大名の「外交」』（講談社選書メチエ556　講談社、二〇一三年）

峰岸純夫『中世　災害・戦乱の社会史』（吉川弘文館、二〇〇一年）
宮崎克則『大名権力と走り者の研究』（校倉書房、一九九五年）
山口　博『戦国大名北条氏文書の研究』（戦国史研究叢書4　岩田書院、二〇〇七年）
渡辺尚志・長谷川裕子編『中世・近世土地所有史の再構築』（青木書店、二〇〇四年）
『多摩のあゆみ』一三九号「特集　戦国大名北条氏」（たましん地域文化財団、二〇一〇年）
『馬の博物館研究紀要』一八号「小特集　戦国時代の交通を考える」（馬事文化財団、二〇一二年）

あとがき

私が戦国大名に関する論文を発表するようになってから二五年以上が経ったが、ここに図らずも、戦国大名についての総括的な概説書を著すこととなった。本書が誕生するきっかけとなったのは、二〇一〇年に別冊太陽『戦国大名』の監修にあたらせていただいたことにある。それを機縁にその後、編集担当であった平凡社編集部の坂田修治さんから、書き下ろし新著の執筆の依頼をいただいた。依頼の内容はズバリ、戦国大名論の決定版のようなもの、というものであった。私は当初、これに乗り気ではなかった。すでに自分なりの戦国大名論については、いくつかの形で示していたし、それよりも新たな課題に取り組みたいという意識を持っていたからであった。

しかしここ数年のなかで、高校日本史教員を対象に何度か講演をさせていただく機会があり、そこで近年の戦国大名論と、従来の織豊政権論との論理的矛盾にどう対処したらよいのか苦心している教員の姿が多くみうけられた。講演後の質疑応答では、必ずといっていいほど、「太閤検地」「兵農分離」はどう考えたらいいのか、という質問をうけた。それは、近年の戦国大名論の結果として当然ながら克服されるべき、従来の織豊政権に関する理解について、明確な発言がほとんどみられないことによっていた。こうしたことから、近年の戦国大名論を総括的に示す書物の必要性と、従来の織豊政権論の問題点に対する一定の発言を行っておく必要性をあらためて認識し、本書の執筆を決心するにいたった。

戦国大名論は一九八〇年代以降、あらゆる側面において、それ以前とは異なる内容に進展していたから、それらの成果を集約するような内容とすることを心掛けた。ただし分量に制限があるなかでのことであったので、戦国大名の基本的・全体的な構造と、民衆支配に関する構造についてを内容の基本にすえた。私自身の戦国大名研究としては、これまで北条氏を主な事例にして、領国支配機構論、国衆論、土豪論、「村の成り立ち」論、徳政論などを展開してきた。本書の内容も、ある意味当然ではあるが、これらの内容を多く組み込んだものになっている。

私はそれらの議論を展開するなかで、常に民衆支配の構造を意識してきた。それは政治権力の本質論は、何よりもこれらの側面に表わされていると考えていることによる。この部分が、他の時代や異なる性格にある政治権力との本質的な対比・比較を可能にすると考えている。近年の研究のなかには、ともすれば政治権力の内部関係や、上級権力同士の関係に終始した議論にとどまりがちの傾向がみうけられる。それでは現代社会の立脚点を把握するという歴史学の役割をなかなか果たせないであろう。いま一度、何が本質なのか強く意識し、そこに取り組み、既存の議論を克服していく研究が進展される必要がある。

戦国大名論のさらなる進展を見据えて、いま私が課題として意識しているのは二つある。一つは戦国大名の成立論である。本書でも成立過程そのものについては、分量の関係から論理的な説明をしているにすぎない。ただしそれは、関係史料が極めて少ないからでもある。一五世紀後半の史料は、民衆支配に関わるものは少なく、残されているのは上級権力同士の関係を示す政治史史料がほとんどであるから、これまでの研究もほぼ政治史にとどまっていた。あらためて室町時代の武家領主制の実態解明に取り組み、戦国時代への転換、変化の状況を明らかにすることが必要と考えている。

もう一つは、一七世紀前半の武家権力の構造論である。戦国大名などの領域権力の構造が、豊臣期・江戸時代になって、どのような社会状況の変化をもとに、どの側面がどのように変化したのか。それにともなって、戦国時代のなかで進展していた社会における自力救済凍結の構造が、どのようにして最終的な完成を迎えるのかは、現代社会の立脚点を把握するうえでも重要な論点となろう。それは同時に、近世身分制の成立を社会展開に即して明らかにすることになろう。具体的な検証がいまこそ必要と考える。

いずれの課題もすぐに解決できるものではないが、これからあらためて丹念に、追究に取り組んでいきたいと考えている。現在のところでは、どちらかというと前者の論点に大きな関心がある。一定の成果が得られたならば、いずれ室町社会から戦国社会への転換とその構造について、まとまった議論を提示できるようになればと思っている。

最後に、本書を成すことができたのは、ひとえに編集担当の坂田修治さんのお陰である。あらためて御礼を申し述べたい。そして本書が、坂田さんの要望通り、現在の戦国大名論の総括版としての役割を果たし、かつ長く活用されることを願いたい。

二〇一三年十二月

黒田基樹

増補　戦国大名論をより詳しく理解するために

増補一　戦国大名の民衆動員

はじめに

戦国時代の終盤となる一六世紀後半に入ると、数ヶ国にわたる領国を形成する大規模な戦国大名同士の戦争が本格的に展開されるようになり、それとともに、領国の村落共同体から、百姓をはじめ商人・町人・職人・芸能者にまでいたる民衆を、身分はそのままで一時的に兵士として徴用するという事態が、多くの大名のもとでみられるようになる。なかでも最も著名な事例が、関東の戦国大名である北条氏の「人改令」による軍事動員である。

北条氏は人改令の発令にあたって、百姓等が軍事動員に応じることは「御国ニ有之役」、すなわち領国に居住している者の義務である、という論理を掲げている。このことから、人改令による軍事動員は、戦国大名の国家的性格と、国家と村落共同体（領民）との関係のあり方を端的に示す題材として注目されている。なかでも勝俣鎮夫によって、戦国大名は一個の政治的支配領域の完結体＝国家であり、それは領国と領民からなるとともに、領国内の民衆すべてを国家の構成員としたこと、国家はそれら領民すべてに対し生存を含めた保護義務を負い、彼らに対する独自の絶対的支配権をその属性として有していたこと、それゆえ百姓等の軍事動員は、国家存亡の危機を強調し、国家の論理を持ち出し、国家防衛戦に限定されて行われたものであった、と位置づけられている。ここでは、戦国大名領国が、領民すべてを対象とした自立的な領域国家の性格を持つことが指摘され、いわば戦国大名国家が現代の領域国家の原点にあったことが示されている。[*1]

私もまた、村落の自立的性格を前提にして、「御国」論理による軍事動員は、大名国家の存亡（「為御国」）と村落の存亡（「為私」）とを一体化させた論理の展開をもとにして、村落の地域防衛観念を大名の領国防衛観念へ取り込もうとしたもので、その背景には、本来は村落が自力で達成しなければならない「村の成り立ち」（村落の安定的存続）に対し、大名が安全保障や紛争解決、さらに具体的な政策を通じてそれを保障していた現実があり、村落はその反面において大名「国家」へ帰属していくことを示すものと位置づけた。[*2]

そのうえで本論においては、北条氏の人改令についてあらためてその内容を確認しつつ、人改令による民衆の軍事動員という事態を、それ以前からみられた戦国大名による民衆の軍事動員の展開のなかに位置づけることによって、それが生み出されてくる歴史的段階を明らかにする検証をこころみたい。

一、北条氏の人改令

北条氏の人改令は、第一次としては、隣接する甲斐武田氏との戦争に際しての永禄十二年（一五六九）から元亀二年（一五七一）に、第二次としては、中央政権である豊臣政権との戦争を控えての天正十五年（一五八七）から同十六年に、二度にわたって発令されている。さらにそれらに基づく第三次動員として、豊臣政権との戦争が行われた天正十八年に発令されている。本節ではそれらの概要についてみていくことにしたい。

まず第一次の概要をみておきたい。永禄十二年のものは、①十二月二十七日付相模東郡（玉縄領）磯部小代官・名主中宛（「富士浅間神社文書」『戦国遺文後北条氏編』一三六六号。以下、戦北と略記し号数のみで示す）、②同日付相模東郡（玉縄領）田名小代官・名主宛（「江成文書」戦北一三六七）で、ともに北条家朱印状であり、冒頭に「当郷人改之儀」とあるので、これらを人改令と称している。

元亀元年のものは、③二月二十七日付某宛（「高岸文書」戦北一三八四）、④同日付相模中郡今泉郷名主小林惣右衛門宛（「清水淳三氏所蔵文書」戦北一三八五）で、ともに北条家朱印状であり、前年の人改に基づいて実際に動員を指定された者に出されている。また⑤十月十六日付武蔵滝山領小山田八ヶ郷・一庵（狩野宗円）宛（「新編武蔵国風土記」戦北一四四四）は、滝山城主北条氏照の朱印状である。元亀二年のものは、⑥三月七日付武蔵久良岐郡（玉縄領）富部両分小代官・名主宛（「武州文書」戦北一四六五）で、①②と同内容の北条家朱印状である。

これらの事例から、第一次においては、相模中郡、玉縄領（相模東郡・武蔵久良岐郡）、武蔵滝山領に、村宛で出されており、中郡・玉縄領については北条氏当主の本国地域のため北条氏当主が、滝山領は支城領主北条氏照の領国のため氏照が、[*3]それぞれ発令している。またこれらは基本的に村宛であり、動員の責任は小代官・名主・百姓に負わされている。小代官は、ここでは北条氏の国役賦課における徴収責任者、名主はそれへの納入責任者の立場にあった。[*4]

具体的な内容として、①をあげておきたい（内容ごとにアルファベットを付した。後掲史料にみえる同内容についても同じアルファベットを付してある）。

一、a当郷人改之儀者、信玄相・豆・武之間へ来年出張候者、一途ニ可遂一戦事、人数ニ相極間、御扶持之侍悉一頭ニ可被召仕、其時者三ヶ国城々留守可為不足、来年可為是非弓箭間、b御出陣之御留守番、其模寄城為可被仰付候、c在城之間は兵粮可被下候、d御国ニ有之役、一廻可走廻事、

付、e此度帳面披見上、有御指引、模様ハ重而以御印判可被仰付事、

一、さかしく走廻ニ候者、f望何様之儀成共可被仰付事、

一、g当郷ニ有之者一人も隠置、此帳ニ不付者、後日聞出次第小代官・名主可切頸事、
一、若々此帳ニ不載者申出者、大忠也、何ニても永代望之儀可被仰付候、田地成共可被下候、又者当分御褒美成共可被任望事、

ここからわかる基本的な内容は、a村ごとに動員可能な兵士の調査であること、g村のすべての人（ただし成人男子であることは後述）を帳面に記載すること、eその上で動員者を指定すること、b任務は正規軍が前線に出陣している間の領国内拠点の留守番であること、c在城中は兵粮が支給されること、d「御国」（北条領国）に居住しているものの義務であるから、[*5]正規兵と同様に務めること、f褒賞として希望通りのものを与えること、ということである。そして実際に動員される者に出された朱印状が③④であり、④の場合ではその人物は、対領主の代表者である名主であった。

また⑤では、「h当郷ニ有之名字かゝり者之義者不及申、為男程之者出家まて、i此度罷出御着到ニ不付者」「明日廿八日滝山御陣ニおゐて i御着到有之」「j得道具者（を）持未明可集、道具無之衆ハ手振にても可参」とあり、ここからh帳面に記載されるのは、「名字かゝり」の侍から、百姓、出家にいたるまでの村の男子であったこと、iそれらは出頭して着到（徴兵検査）をうけること、j武具（後掲史料によれば弓・鑓・鉄炮）を持参すること、ないものは手ぶら

でもよい（後掲史料では鍬・鎌でもよいとある）、とされていることがわかる。

次に第二次の概要をみておきたい。天正十五年のものではまず、同年に出されたと推定される「御隠居様」北条氏政の朱印状がある。[*6] いずれも小代官・百姓中宛で、

⑦七月二十二日付相模西郡酒匂本郷小代官・百姓中宛（「小島文書」戦北三三四九）
⑧同日付相模三浦郡木古葉小代官・百姓中宛（「相州文書」戦北三三五〇）
⑨七月二十六日付武蔵小机領駒林小代官・百姓中宛（「武州文書」戦北三三五三）
⑩月日・宛所欠（「石渡文書」拙編「小田原北条氏文書補遺」補遺一二二号）[*7]

の四点である。次いで七月晦日付で北条家朱印状が出されている。いずれも小代官・百姓中宛で、

⑪相模西郡栢山（「小野秀徳氏所蔵文書」戦北三一三三）・⑫同郡中島（「和田順三郎氏所蔵文書」戦北三一三四）・⑬相模中郡広川（「相州文書」戦北三一三五）・⑭同郡三増（「相州文書」戦北三一三六）・⑮相模東郡（玉縄領）岩瀬（「梅沢文書」戦北三一三七）・⑯同郡鵜之森（「八王子市郷土資料館所蔵文書」戦北三一三八）・⑰相模三浦郡木古葉（「相州文書」戦北三一三九）・⑱同郡

佐原（「竹山文書」戦北三一四〇）・⑲武蔵久良岐郡（玉縄領）永田（「小野哲男氏所蔵文書」戦北三一四一）・⑳武蔵江戸領柏木・角筈（「武州文書」戦北三一四二）・㉑同領上石原鈴木分（「勝田文書」戦北三一四三）・㉒宛所欠（「阿伎留神社所蔵文書」戦北三一四四）・㉓武蔵河越領本郷（「大野福治氏所蔵文書」戦北三一四五）・㉔同領大井（「塩野文書」戦北三一四六）・㉕同領大袋（「大河原文書」戦北三一四七）・㉖同領増形（「武州文書」戦北三一四八）の十六点がある。氏政朱印状は当主氏直を代行して出されたものであるから、これらはすべて北条氏当主によるものととらえられる。対象地域は、相模西郡・中郡・三浦郡、玉縄領、武蔵小机領・江戸領・河越領で、いずれも本国地域にあたっている。

続いて武蔵岩付領について、㉗八月七日付三保谷之郷道祖土図書助宛（「道祖土文書」戦北三一五六）・㉘八月八日付道祖土図書助殿知行之内宛（「道祖土文書」戦北三一五七）・㉙同日付内山弥右衛門殿知行之内宛（「内山文書」戦北三一五八）があり、いずれも岩付領の支城領主北条氏房の朱印状である。なおここでは㉗が代官宛、㉘・㉙が給人の知行所宛で実際の受取人は給人となっている。このことからすると岩付領では、動員の責任は代官・給人に負わされていたととらえられる。

天正十六年のものでは、㉚正月九日付武蔵八王子領西戸蔵宛（「武州文書」戦北三二六四）・㉛

正月十一日付同領三沢宛（「土方文書」戦北三二六七）があり、ともに八王子領（もと滝山領）の支城領主北条氏照の朱印状で、実際の動員を命じたものである。支城領主の領国については、それぞれの支城領主によって発令されていることがわかる。[*8]

具体的な内容として、まず北条氏政朱印状のうち⑦を例に示すことにしたい。

一、g当郷ニ有之者侍・凡下共ニ、k廿日可倩候、行之子細有之間、j悉弓・鑓・鉄炮何ニ而も得道具を持、何時成共一左右次第可罷出事、

一、g此度若一人成共隠而不罷出儀、後日ニ聞届次第、当郷之小代官幷百姓頭可切頸事、

一、惣而為男者ハ、l十五・七十を切而悉可罷立、hまい々々・猿引体之者成共、可罷出事、

一、m男之内当郷ニ可残者ハ、七十より上之極老・定使・十五より内之わらわへ・陣夫、此外者悉可立事、

付、伝馬衆十三人・河越舟方四人可残置事、

一、此度心有者鑓之さきをもみかき、紙小旗体をも致走廻候者、f於郷中似合之望を相叶可被下事、

一、可罷出者ハ、来廿五日飯泉河原迄来、i公方検使之前ニ而着到付、可罷帰候、小代

官・百姓頭致同道可罷出、但雨降候者無用、何時成共廿五日より後天気次第罷出、可付着到事、

付、j着到付時、似合ニ可持得道具を持来、可付之、又弓・鑓之類持得間敷程之者ハ、鍬・かま成共可持来事、

一、出家ニ候共、此一廻之事ハ、発起次第可罷出事、

右七ヶ条之旨、能々見届可入精、愚ニ致覚悟候者、可行厳科、又入精候者、為忠節間、如記右、似合々々之望を相叶可被　仰付者也、仍如件、

ここには第一次のものでは確認されなかったこととして、k動員は二十日であること、l動員対象の年齢は十五歳から七十歳までであったこと、m動員対象から除外されたのは、七十歳以上の老人、定使（領主側への連絡係）、十五歳以下の少年、陣夫（戦陣への物資輸送係）であったことが知られる。またこの村ではさらに伝馬衆（人馬による運送業者）・船方衆（船による運送業者）も物資輸送役が負担されるためであろう、除外されている。

このうち動員対象の年齢に関して、第一次においては明記されていなかったが、敵方の侵攻をうけて小屋入りを承認する対象として、武蔵鉢形領の事例ではあるが、十五歳以下と六十歳以上の男子と規定しているものがあることから考えると（「井上文書」戦北一一〇二）、第一次に

おける動員対象の年齢は、十五歳から六十歳までの成人男子であった可能性が高い。そうすると第二次においては、対象年齢は七十歳まで拡張されたことになる。

続いて北条家朱印状から⑪の内容を示すことにしたい。

一、g於当郷不撰侍・凡下、d自然御国御用之砌、n可被召仕者撰出、其名を可記事、o但弐人、

一、j此道具弓・鑓・鉄炮三様之内、何成共存分次第、但鑓ハ竹柄にても木柄にても、二間より短ハ無用ニ候、h然者号権門之被官不致陣役者、或商人、或細工人類、l十五・七十を切而可記之事、

一、腰さし類之ひら〻〻、武者めくやうニ可致支度事、

一、よき者を撰残し、夫同前之者申付候者、当郷之小代官何時も聞出次第可切頸事、

一、此走廻を心懸相嗜者ハ、侍にても凡下にても、f随望可有御恩賞事、

已上、

右、自然之時之御用也、八月晦日を限而、右諸道具致支度、n郷中之請負、其人交名をハ来月廿日ニ触口可指上、仍如件、

ここにはこれまでにみられなかった内容として、n実際に動員されるものの人選は村に委ね、oその人数を規定している（この村からは二人）。人数は村によって異なり、それは村高（村への課税基準数値）に対応しているとみられる。先の北条氏政朱印状が動員対象すべての者の着到を命じるものであったのに対して、ここではさらに実際に動員される者の選抜を指令している、ととらえられる。このこと自体、先の北条氏政朱印状がこれに先行するものであったことを裏付けるものとなろう。

また北条氏の本国地域の朱印状が、動員の論理としてd「御国有之役」「御国御用」をあげているのに対し、岩付領の㉗～㉙では「当城（岩付城）御用」をあげ、[*9]実際の動員人数についても「手軽可走廻年比之者撰出、人数可申上事」と、動員人数については代官・領主から申告させることとしている。具体的にどのように人数が決定されるのかは明らかではないが、無制限とは考えられないから、本国地域と同様に村高が基準になっていたと考えられる。

これらに対して、八王子領の㉚・㉛は、実際の動員令にあたるものである。㉚では「此度就御弓矢」、㉛では「今度大途之為御弓箭」と動員の理由が示されており、㉚では「先年之任吉例」（おそらく第一次のこと）によって境目の拠点檜原城への、㉛では本拠八王子城への在城を指令している。動員対象については㉚「g当郷ニ有之為男程之者」、㉛「g御国ニ有之為男程之者」としかなく、実際の動員人数についての規定はみられないが、やはり無制限とは考えにくいので、村高を基準にしていたと考えられる。

続いて第三次の概要をみておきたい。いずれも天正十八年の小田原合戦にともなうもので、実際の動員を命じたものである。

まず㉜二月十七日付北条家朱印状が、伊豆東浦郡代笠原氏の触口仁杉伊賀守・白井加賀守宛で触書として出され、一揆衆の動員が命じられている（「本朝武家諸姓分脈系図」戦北三六五二）[*10]。ここでは「去辰三月被仰付一揆帳、弐百四拾人鑓、百七十余張弓、六百人弓にても鑓にても鉄炮にても存分次第道具者可持出」とあり、天正八年（「去辰」）に作成された「一揆帳」に基づいて、鑓二四〇人、張弓一七〇人余、弓・鑓・鉄炮いずれの武具でもよい者六〇〇人、合計一〇一〇人余の動員が図られている。

これによって伊豆では、天正八年三月に人改令に基づいた動員が行われていたこと、その動員台帳として「一揆帳」が作成され、武具の指定が行われていたこと、その人数は伊豆東海岸で一〇一〇人余であったことがわかる。それは、天正八年三月という年月からみて、前年九月からの甲斐武田氏との戦争にともなってのものとみて間違いない。天正十八年における動員は、おそらく十年ぶりの動員にあたったとみられ、またそこでの被動員者は「一揆」と称されたことがわかる。この時期における「一揆」は、大名被官とは区別される武力を指すようになっており[*11]、この場合についてもそれがあてはまる。

次いで㉝三月七日付北条家朱印状が相模三浦郡豆師に出され、「h至町人・諸商人・諸細工人以下迄、.j或弓・鑓、或鉄炮・小旗以下致支度」という動員が図られている（「相州文書」戦北三六七四）。「西国衆出張、此時於何口成共、無二被遂御一戦、可被為打果候間」とあり、豊臣軍の侵攻に対して迎撃にあたるためとあるから、それ以前における人改令に基づく動員ととらえられる。

そして㉞三月十一日付で武蔵松山領の国衆上田憲定が、本拠松山城の城下にあたる松山本郷新宿・本宿の町人衆に宛てて朱印状を出している。これは「松山ニ致籠城、無二ニ可走廻儀、宿中之者何も同意ニ申」とあるように、宿中の人々に松山城への籠城を要請したところ、同意をうけたことに基づいて、あらためて籠城を指令したものである（「松村文書」戦北三六八〇）。動員の理由については、「d累年当宿ニあつて進退をおくり候筋目、さりとてハ此度不走廻して不叶候」、すなわち松山宿において進退を維持してきた者の義務である、と述べている。これは北条氏当主が本国地域に対して「御国有之役」と述べているのと同じ論理にあたる。ここでも、城主上田氏は小田原城まで出陣しているから、留守の本拠松山城の守備兵確保のための動員であったとみることができる。[*12]

二、民衆動員の特徴

前節で北条氏の民衆動員の概要をみてきたので、本節ではその特徴についてまとめることにしたい。この問題について、現在のところ研究史の到達点に位置しているのが藤木久志の研究である。[*13]まずはその要点を確認するところからはじめたい。

藤木は、先行する勝俣鎮夫・池上裕子の研究を踏まえつつ、[*14]以下のようにまとめている。動員条件について、(1)動員日数の限定（前掲史料によれば二十日）、(2)兵粮の給付、(3)恩賞の約束、(4)戦線配備面での安全の特約（後方配置）があったこと、動員のシステムについて、A村請に依拠して成人男子すべてを記載する「人改」（指出）が行われ、B武器持参のうえで領主による「着到」（実検）が行われ、Cしかし実際の徴兵には種々の社会的制約があったこと、そのうえでこの民衆動員の特徴について、総動員ではなく村高に応じて人数が決定されたこと、精兵選抜を要請しなければならなかったこと、村の徴兵忌避によって夫役システムを超える徴兵システムの構築は困難であったことを指摘している。

藤木はさらに、室町後期の荘園制下における領主による村の軍事動員の状況をみたうえで、領主による民衆の軍事動員について、中世から近世末まで一貫して、「侍」と「凡下・百姓」の間における社会的な職能・職責の制約により、危機管理を名目として、緊急の戦時に限って行われ、後方配備を特徴としていたこと、民衆動員の実現は、村の自前の武力動員システムの主体性に依拠し、それぞれの地域平和・生活防衛に深く関わった場合に限られたことを、指摘している。

この藤木の議論は、「侍」と「凡下・百姓」という職能区分において、後者は領主の軍事には従事しないという社会的職能分離の原則が、中世・近世を一貫して見いだされることから、近世初頭におけるいわゆる「兵農分離」を、近世初頭権力の政策によって創出されたものではなく、中世以来の社会的な達成のうえに位置づけられるとする、大きな枠組みを有するものとなっている。とくに戦国大名の民衆動員という問題に関しては、一九七〇年代までの戦国大名研究において主流を占めた、百姓の総動員体制の構築と、それゆえに近世統一政権による「兵農分離」を必然視する研究のあり方を、明確に克服するものとなっている。

この問題に関して、藤木に先行する勝俣の研究においては、動員対象が「不撰侍・凡下」とあることから、戦国期においては中世における侍・凡下・下人という身分制とは異なる、「主をもち軍役を負担する侍・凡下が兵」、「主をもたない侍・凡下を百姓」とする、「兵」と「百姓」という新しい身分制の形成がみられること、すなわち戦国期において中世身分制とは異なる、大名との関係をもとにした、兵と百姓という新たな身分制が形成され、その内容は近世身分制と同質のものであることが、示されている。

このように、藤木が侍と凡下・百姓の職能分離が中世・近世において一貫していたことを提示するのに対し、勝俣は戦国期における兵と百姓という新たな身分制の形成を提示しているという点で、力点の相違をみることができる。藤木の主張に従えば、これは「兵と農」との歴史的展開の一段階を示すものとして考えられるが、近世的な兵農分離への展開過程、すなわち中世社会から近世社会への展開過程を具体的に解明しようとする場合、民衆にとっての領主からの軍事動員への対応のあり方に、歴史的な展開があったことを見いだすことになり、これが重要な論点として位置するといえよう。そこで以下では、この論点を射程にいれながら、北条氏の民衆動員の特徴について、あらためて整理してみることにしたい。

前節において概観した北条氏の民衆動員の実態をみていくと、村ごとに成人男子を対象とした徴兵台帳を作成し、そのなかから実際の動員者を指定、ないし村から申告させ、動員人数は村高に応じて各村に割り振り、武具は持参であるが動員中の兵粮は支給し、動員日数を規定し、褒美を与えるという、動員のあり方はすべてに共通していることがうかがわれる。しかしながら配備の面においては、大きく二つのあり方があることに気づく。

一つは、人改令によって示されている著名な事例のもので、藤木の議論においても中心的な素材となっている、北条氏の本国地域における場合のものである。すなわち第一次・第二次の人改令で、本国地域の村々を対象に、後方の軍事拠点の守備兵にあてる、というものである。第二次における武蔵岩付領の場合も同様のものととらえられるであろう。

これらの動員は、第一次の場合に明確に示されているように、敵方軍勢を迎撃するにあたって、正規兵をすべて前線に投入するため、後方守備兵に不足が出るのでそれを村の武力によって補充しようとするものであった。第一次における武蔵滝山領の小山田八ヶ郷宛のものも(5)、敵が入間川を越えて進軍してきた場合に、それを迎撃することを予定したなかでの動員であり、領域拠点の滝山城で着到を付けることを指令していることからも、配備は滝山城であった可能性が高く、このパターンにあてはまるととらえられるであろう。

それに対してもう一つのあり方は、戦場地域における防衛への動員である。第一次においても八王子領西戸蔵宛の場合では(30)、「檜原谷為御加勢」と、「加勢」であることが明記されているように、領国境目の拠点である檜原城への援軍として配備されたことがうかがわれる。同城は、北条氏に従属する国衆で、北条氏照の指揮下にあった平山氏の本拠にあたる。平山氏の支配する檜原谷の西側には、敵対する武田氏の領国が展開していたから、同城はまさに最前線の軍事拠点にあたっていた。一方、動員をうけた西戸蔵村は、檜原谷に東接する戸倉領を構成する村の一つにあたっているから、同村にとって檜原城への在城は、地域防衛の一環としての性格を持ったということができる。

第二次においても、西戸蔵村は同じように檜原城への在城を命じられ、三沢村は氏照の本拠八王子城への在城を命じられている(31)。第三次における松山城の場合も(34)、「致籠城一途走廻」を要請しているように、籠城戦を想定しているのであるから、いずれも防衛戦争への動員を図ったものであり、地域防衛の一環として在城を指令したものととらえることができるであろう。実際に西戸蔵村は、第一次において檜原城に在城していることから考えると、それらは近辺の領民にとって地域防衛の一環として、一定の了解を獲得しえていたことがうかがわれる。

すなわち人改令による民衆動員には、正規兵を前線に投入するのにともなっての後方守備兵を確保しようとするものと、最前線において防衛戦争に動員しようとするものとが存在していたことになる。とくに後者においては、籠城戦も想定されているから、後方守備とは次元が異なる、まさに戦闘員として行動することになる。しかしそれでも、人改令による動員は、動員人数・日数を限定せざるをえないところに大きな特徴をみることができると考えられる。そのことを認識するためには、そもそも最前線における村への軍事動員がどのようになされていたのかをみるのが有効であろう。

北条氏の人改令が出されたことが確認できるのは、伊豆、相模西郡・中郡・三浦郡、玉縄領（相模東郡・武蔵久良岐郡）、武蔵小机領・江戸領・河越領の本国地域、それに支城領の武蔵八王子領（もと滝山領）・岩付領、国衆領のうち武蔵松山領であった。本国地域のうち、唯一事例が確認されないのが相模津久井領であるが、周辺地域すべてでは確認されるから、同様に対象になっていたと考えてよいであろう。そうすると人改令が出されているのは、伊豆から武蔵中部までの北条氏の本国地域に加え、それに隣接する領域に限られていることになる。ここに人改令による民衆の軍事動員の特徴が潜んでいるとみることができるであろう。

八王子領・松山領の北部に展開する領域として、北条氏御一家衆の北条氏邦が管轄する鉢形領がある。そこでの民衆の軍事動員についての状況をみてみたい。永禄八年（一五六五）に野上村には三〇人の「足軽衆」がおり、氏邦から西入小屋への在番を命じられている（「逸見文書」戦北八八八）。こうした足軽衆の存在は鉢形領では一般的にみられ、元亀元年（一五七〇）に小前田村では、長谷部兵庫助以下一〇人が足軽をしたことへの褒美として、氏邦から同村に対して「不入」（諸役免除であろう）が認められ（「長谷部文書」戦北一四四九）、翌年には同村そのものが長谷部以下一一人（先の一〇人に一人追加）に与えられている。これは小和田哲男によって指摘されているように[*15]、軍事奉公の代替として年貢を全額免除し、村ごと給分化したことを示すものであり、同様の事例は八王子領三沢村における三沢十騎衆についてもみることができる[*16]。

また同じ元亀二年の上吉田村では、土豪の高岸対馬守が隣の谷にあたる石間谷に敵軍の進軍に対して防戦した褒美として、氏邦から諸役の免除を認められ（「高岸文書」戦北一四七〇）、土豪山口氏とその配下の一騎衆が「従日尾野伏相触処ニ、何も罷出走廻由」、すなわち日尾城からの野伏の召集要請に応えて在城したため、帰城したら褒美を与えると氏邦から約されている（「高岸文書」戦北一四九六）。日尾城は上吉田村の隣の谷に所在している。さらに、さいと三郎右衛門・高谷三郎左衛門は、郡内（秩父郡）に敵軍が侵攻してきたら、「郷人・野伏以下相進候、可走廻候」とあるように、「郷人・野伏」を動員するよう氏邦から命じられ、褒美の付与を約されている（「高岸文書」戦北三九九六）。

天正三年（一五七五）に、黛郷の土豪出身の在郷給人吉田氏とその足軽衆は、「御用あつてかいかねなり候ハヽ、からちら足軽衆ハ不及申、地下人までこと、、くかけ」「可走廻候」と、出陣を報せる貝・鐘が鳴ったなら、郷内の足軽衆・地下人を動員して防戦にあたるよう、氏邦から命じられている（「吉田系図」戦北一七九三）。また吉田氏父子は、猪俣・用土・北甘糟・小栗の足軽衆を同心衆として配属されたらしく、さらに「何もやりとも如法度無之候、早々あほたけ成共」「郷人までもせんはつとのことく」「あしかるのやうにいてたち」「何時足軽衆のそなひ候、かちあしかるにいたし、めしつれへく候」と、郷人も歩足軽として動員するよう、氏邦から命じられている（「吉田系図」戦北三九八三）[*17]。

鉢形領に隣接する深谷領は、国衆深谷上杉氏の領国であったが、氏邦の軍事指揮下にあったらしく、同氏の家臣で深谷領屈懸を知行する岡谷隼人佐には、同村に足軽一〇人が存在していたことが知られる（「北条氏文書写」戦北三九八〇）。また氏邦から、出陣の留守中に、「あしかるハ不及申、郷中ニ有之者共」が遠くへ移動することを禁じられている（「北条氏文書写」戦北三九七三）。さらに天正十年に氏邦の重臣秩父孫二郎に出された着到帳には、「秩父差引（着到カ）

之外嗜」と、規定された軍役数以外の動員兵力のなかに、折原衆三騎・野伏二三人・秋山衆一〇人・一騎田中彦右衛門などがみえている。則竹雄一が指摘しているように、[*18]折原衆や田中彦右衛門はほかの史料でいう「一騎衆」にあたるとみられる。野伏・秋山衆は、人名が指定されていないから、集団としての動員であったとみられる（「彦久保文書」戦北二三一六）。

このように鉢形領においては、永禄期（一五五八〜七〇）から、村には領主から軍事動員の対象となる「足軽」「一騎衆」「野伏」「郷人」「郷中ニ有之者」「地下人」と呼ばれた存在がいたことがわかる。それぞれの区分の詳細は、たとえば「郷人」が動員されると「歩足軽」と称されたように、状態を示す場合もあるため明確ではないが、「足軽」「一騎衆」は同時には登場しないから、実態は重なる場合が多いとみてよく、登場のあり方からすると、氏邦やその家臣の被官ではないものの、彼らからの軍事動員に応じるべき存在であり、特定の人物であったことがうかがわれる。小前田村の長谷部氏らのように、諸役免除をうけたり、給分を与えられて在郷被官となる場合もみられるが、それらはあくまでも結果にすぎず、必ずしもそれが目的とされていたのではなかったことが重要であろう。馬上の一騎侍の場合について「一騎衆」、歩兵の場合について「歩足軽」と称されていたと考えられる。

これに対して「野伏」は人員が特定されない武力をいうのではないかと思われる。そして「郷人」「郷中ニ有之者」「地下人」は、足軽・野伏と対比されているから、これらはすなわち一般の村人をいい、動員が恒常化されていない状況にあったと思われる。[*19]それらの足軽・一騎衆は、一〇人、三〇人などの単位で存在していることからみて、いずれも村の住人とみてよく、有力土豪が複数人みられる場合があることから、それは村の武力の主要な一部にあたっていたとみてよいであろう。鉢形領においては、そうした恒常的に軍役を負担する存在が、永禄期には一般化していたと考えられる。もっとも氏邦の領域支配は、国衆藤田氏の藤田領を継承したものであり、本格的な領域支配は、野上足軽衆が所見される前年の永禄七年から開始されることを踏まえると、[*20]そうした状況は、国衆藤田氏段階からのものであったととらえるべきであろう。

そうすると、村の武力の主要な一部について、恒常的に軍事動員の対象になっていたという状況は、むしろ戦国期においては本来的なあり方であったとみたほうがよいと考えられる。鉢形領においては、そのような状況が元亀・天正期（一五七〇～九二）においても継続しているが、それはむしろ、鉢形領がその時期まで最前線地域に位置し続けたため、そうした状況も継続したと考えるべきであろう。この状況は、藤木が室町後期の荘園制下における領主による村の軍事動員で明らかにした状況と同一といえる。また戦国初期の和泉日根庄では、領主九条政基の軍事力が村の武力を中心とするものであったり、和泉南部の村々が和泉守護あるいは紀伊根来寺との間に、恒常的に軍事的に味方する「絞之郷」の関係を結んでいる状況とも共通する。[*21]畿内荘園においてその担い手は「侍衆」であったが、それが鉢形領では「足軽衆」と称されていたとみられる。ちなみに上野ではそれらは「地衆」と称されたようであり[*22]、地域によって多様な呼称があったととらえられる。

この鉢形領のような状況こそが一般的な事態であったとすると、北条氏の本国地域とその隣接領域においてみられた、人改令による民衆の軍事動員というあり方は、一定の歴史的展開を反映する事態としてとらえられることになろう。またそれが、永禄期からみられるようになるところにも一定の意味を見いだすことができるであろう。人改令が出された地域は、すでに天文期（一五三二〜五五）後半頃には恒常的な戦場地域ではなくなり、したがって鉢形領にみられたような防衛戦争は、基本的にはみられなくなっていたから、村への恒常的な軍事動員の必要そのものが薄れていたととらえられる。

そもそも村への軍事動員は、藤木が指摘するように、地域防衛と一体化する場合にのみ実現しうるものであった。鉢形領の場合でも、上吉田村の武力が、隣接する石間谷や日尾城での防衛に参加しているように、そのことは変わっていない。このことからすると、すでに防衛戦争の存在が常態ではなくなった地域において、村の軍事動員が行われなくなるのは必然であった。戦国大名の戦争は、それらの地域から遠く隔たった最前線地域で行われ、その軍事力は家臣という正規兵によって担われる。それらの正規兵の多くは、本国地域の村出身者であったが、被官化し、さらに知行を与えられていくなかで、兵に特化していく存在となっていく。その一方で、被官関係を断絶して百姓として特化していく存在もみられた。[*23]

さらに村のなかでも、村への軍事動員の担い手であった「侍」の役割も消滅し、それらは勝俣が注目した通り、「主をもたない」百姓としての性格に特化していくことになる。村のなかにおける「侍」身分は存続したであろうが、大名との関係において、軍事負担を行わなくなった「侍」が、百姓として位置づけられていくのは必然の動向であろう。このように本国地域においては、兵と百姓とに二分されていく状況が、地域平和の展開のなかで進展していくととらえられる。

人改令の発令は、村への軍事動員がみられない状況が常態化していたなかで、領国存亡の危機にあって、あらためて村への軍事動員を図るなかで生み出されたものであったといえる。最前線となった八王子領では、防衛戦争への動員もみられたが、それは先にみたように村にとって地域防衛の一環と認識できるものであったことによる。またそれ以外の地域でも、最寄りの軍事拠点への守備に限られたのも、同様の論理からであった。しかし軍事動員が常態化していなかったため、村高に応じた人数の動員、動員日数の制限を明確化せざるをえなかったと考えられる。すでに村への軍事動員が基本的にみられなくなっていたがゆえに、それには大きな制約がともなったとみることができる。

その反面において、注目すべき事態ととらえられるのが、本国地域の百姓に対し、百姓としての職能のまま、戦場地域に動員するというあり方がみられるようになることである。事例としては一例のみしか確認されないが、天正九年（一五八一）四月、北条氏は隣接する甲斐武田氏との戦争に際して、「去廿二出馬、非豆州表候、向甲州至于深沢出馬、彼表作毛相州一国之鍬持を集、悉無残所穿鑿候、敵一騎一人不出逢候、然間去月廿七令帰陣候」と、武田領の駿河御厨地域の深沢に侵攻し、相模一国から「鍬持」すなわち百姓を召集し、敵地での「作毛」の「穿鑿」、すなわち夏麦の収穫を行わせたことが知られる（「思文閣古書資料目録一八七号」拙編「小田原北条氏文書補遺」一〇〇号）。

ここでは北条軍の出陣があり、その護衛のなかで、北条領の百姓が敵地で作毛の収穫を行っている状況が想定される。これがいわゆる「苅田」の実態と考えられる。この事実から、百姓であっても大名の戦争と全く無関係ではなく、それへの協力を行っていたこと、それが以前のように軍事そのものではなく、百姓の職能に応じた行動に変化していることを読み取ることができる。このことを踏まえるならば、本国地域の村において、通常は百姓の職能において戦争に協力していた状況のなかで、人改令による軍事動員は、国家防衛戦争という限定された局面において、一時的に兵として戦争に協力する性格のものととらえることができる。

おわりに

室町後期から戦国期にかけて、領主や、守護・有力寺院などの地域権力、さらには戦国大名・国衆などの領域国家による、村の武力の動員は一般的にみられていた。もっともその動員は、村にとって、地域防衛・生活防衛と一体化した場合にのみ実現をみるものであったが、村の武力が領主や地域権力によって動員されるという事態は、戦争が日常化していた戦場地域においては、恒常的にみられた状況であった。

こうした状況に変化がみられるようになるのは、戦国期終盤に入って、大規模な領国を形成する戦国大名が展開し、領国の外縁部さらに敵対大名領国での戦争が一般化していくようになってからのことであった。大名の本国地域の村々にとって、自分たちの居住地域が戦場地域という性格から解放され、戦争が日常的なものではなくなったことによって、村の武力の動員もみられなくなる。大名の軍事力は、被官化した正規兵が担い、村の住人であっても被官化した存在だけが、遠く離れた戦場に赴き、他所における知行を獲得していくことを通じて、兵としての性格に特化していく。その一方で、それを忌避する住人は、被官関係を解消して、百姓としての性格に特化していくという二分化が展開していった。

そうした状況のもと、大名は本国地域を中心に、「村の成り立ち」のための対応をすすめていき、本来自力で果たすべき「成り立ち」が大名政策によって補完されていく事態が展開していく。そのなかで百姓は、敵地における作物収穫にたずさわる（「苅田」）など、その職能に従った戦争協力を行っていた。人改令による軍事動員が登場するのは、そのような本国地域における、兵と百姓との職能分担が明確化された段階のことであった。

大名は、自家の滅亡、領国存亡の危機に際して、本国地域の村の武力の動員を図り、国家防衛（「為御国」）と村の地域防衛（「為私」）を一体化させる「御国」論理を掲げて、百姓身分のまま時限的に兵として動員する対策をとった。それが実現する背景には、大名国家による安全保障、「成り立ち」への取り組みがあり、それが反面において村の側にそれを受容せざるをえない状況を生み出していた。したがってそれは、紛争・戦争が日常的に展開していた社会から、大名国家というかたちによって地域平和が展開していくという、歴史的段階に対応する事態として位置づけられるであろう。

＊1——勝俣鎮夫「戦国法」（同『戦国法成立史論』東京大学出版会、一九七九年、初出一九七六年）。

＊2——拙稿「戦国大名の「国役」とその性格」（拙著『中近世移行期の大名権力と村落』校倉書房、二〇〇三年）。また大名による「村の成り立ち」保障の取り組み内容については、拙稿「北条氏康の徳政令」（拙著『戦国期の債務と徳政』校倉書房、二〇〇九年）を参照。

＊3——北条氏の領国構造については、拙著『戦国大名北条氏の領国支配〈戦国史研究叢書1〉』（岩

田書院、一九九五年）を参照されたい。ここでは、北条氏が基本的な領国支配を管轄する地域を本国地域、北条氏の御一家衆が領国支配のほぼ全権を掌握してそれを管轄する地域を支城領、その立場を支城領主と規定している。

＊4――小代官・名主の村役人の機能・性格については、拙稿「北条領国における「小代官」と「名主」」（注3拙著）・「北条領国における郷村と小代官」「大名被官土豪層の歴史的性格」（注2拙著）などを参照。

＊5――なおこの「御国」文言の使用は、久保健一郎「後北条氏における公儀と国家」（同『戦国大名と公儀』校倉書房、二〇〇一年）において、民衆を対象としたものがほとんどであること、地域的には本国地域・八王子領に限定されていることが明らかにされている。

＊6――無年号文書のため、これまで年代について①天正十三年説（『神奈川県史　資料編3下』『小田原市史　史料編中世Ⅲ』など）、②同十四年説（市村高男「戦国末期における北条氏の武蔵支配の展開」同『戦国期東国の都市と権力』思文閣出版、一九九四年）、③同十六年説（『戦国遺文　後北条氏編』）などが出されている。①は、当主氏直が出陣中のため代わって「御隠居様」氏政が発給した旨の但し書きがあり、同様の但し書きが天正十三年八月二十三日付氏政朱印状（「清田文書」戦北二八四七）にみえるため、それと関連させて同年に比定したものである。これについては山口博によって、氏直は同年七月二十四日までの小田原在所が確認されることから否定されている（同『戦国大名北条氏文書の研究〈戦国史研究叢書4〉』岩田書院、二〇〇七年、一一一頁）。②は氏直の出陣を下野出陣ととらえることによっている。

③は、北条家朱印状と日付が近いうえほぼ同内容であるから別年と判断し、それ以降のものと推測したものであるが、理由の詳細は示されていない。可能性として天正十四年から同十七年までであるが、十四年については七月二十二日に北条軍が小田原を出陣したという（「新編会津風土記」『鹿沼市史　資料編古代・中世』四六一号）。十五年については七月二十二日の時点で「三日之内　御出馬」とあり（「相州文書」戦北三一三一、同文書の年代は「相州文書」戦北三一五五との関連による）、同日までの氏直の小田原在所が推測される。十六年については判断できる材料はなく、十七年については七月二十四日の時点で氏直は在陣のためか氏政とは別の地にあったとみられる（「大竹文書」戦北三四七六）。これらの状況からみると、十五年の可能性はないようにみられる。しかし豊臣政権との対立が想定されるようになるのは十四年末からのことであること、十六年七月は豊臣政権への服属を決定し御一家衆北条氏規が上洛する時期にあたり、十七年七月は豊臣政権の裁定に基づいて上野沼田城を請け取る時期にあたっているから、それとの対決のために人改令の発令は想定し難い。そうすると可能性が残るのはむしろ十五年ということになる。出陣を控えて政務を中断したか、予定より早く出陣があったことも想定される。なお確定には至らないが、ここでは十五年のものと考えておきたい。

*7――『小田原市郷土文化館研究報告』四二号（二〇〇六年）所収。

*8――八王子領の事例については、則竹雄一「北条氏照の軍隊編成」（『多摩のあゆみ』一三九号、二〇一〇年）を参照。

＊9――岩付領の事例について触れたものに、注6市村論文がある。そこにおいて、岩付領における動員の論理「当城御用」が、北条氏の本国地域における「御国御用」に相当し、それにより岩付領が北条氏本国地域とは区別された独自の性格を持っていたことを指摘している。このことは北条氏の領国構造を理解するうえで重要であり、私も前掲「戦国大名の「国役」とその性格」において、支城領・国衆領を一個の「国家」ととらえている。

＊10――本文書については、従来は「伊豆順行記」所収の写本が利用されていたが、近年、より良質の写本が確認された。これによって従来における文意不明部分も解明された。全文については『伊東市史　史料編古代・中世』六八〇号を参照。

＊11――神田千里『土一揆の時代〈歴史文化ライブラリー181〉』（吉川弘文館、二〇〇四年）を参照。

＊12――松山領の事例については、藤木久志「戦乱の世」（『東松山の歴史　上巻』第六章、東松山市、一九八五年）を参照。

＊13――藤木久志「村の動員」（同『村と領主の戦国世界』東京大学出版会、一九九七年、初出一九九三年）。

＊14――注1勝俣論文、池上裕子「戦国大名領国における所領および家臣団編成の展開」（同『戦国時代社会構造の研究』校倉書房、一九九九年、初出一九七六年）。

＊15――小和田哲男「後北条氏下層家臣の諸形態」（同『後北条氏研究』吉川弘文館、一九八三年）。

＊16――三沢十騎衆については、長谷川裕子「北条氏領国の土豪」（前掲『多摩のあゆみ』一三九号）を参照。

＊17――吉田氏については、浅倉直美「『吉田系図』の分析と所収文書の検討」（同『後北条領国の地域的展開〈戦国史研究叢書2〉』岩田書院、一九九七年）を参照。

＊18――則竹雄一「戦国大名北条氏の軍隊編成と兵農分離」（木村茂光編『日本中世の権力と地域社会』吉川弘文館、二〇〇七年）。

＊19――これらの点の一部は、則竹雄一「戦国期足軽考」（佐藤和彦編『中世の内乱と社会』東京堂出版、二〇〇七年）にも指摘がある。

＊20――浅倉直美「北条氏邦の鉢形領支配」（注17同著）を参照。

＊21――拙稿「九条政基にみる荘園領主の機能」（拙著『戦国期領域権力と地域社会〈中世史研究叢書15〉』岩田書院、二〇〇九年）。

＊22――「地衆」について取り上げたものに、峰岸純夫「地衆――後北条氏による百姓の軍事編成」（『戦国史研究』二号、一九八一年）がある。なお峰岸は、こうした存在を戦国末期に生み出されたものととらえているが、天正十七年に上野沼田領に入部した猪俣邦憲が、「古来之地衆」を糺明して、被官化しているから（「真田宝物館所蔵文書」戦北三五〇七）、むしろ村のなかで軍事負担を担当する存在があり、それを指すとみるのが妥当と考える。

＊23――たとえば伊豆西浦長浜村の土豪大川氏の場合など。この状況については、拙稿「武田氏家中論」（平山優・丸島和洋編『戦国大名武田氏の権力と支配』岩田書院、二〇〇八年）を参照。（『歴史学研究』八八〇号、二〇一一年）

増補二　戦国時代の侍と百姓

はじめに

現在の我々は、「侍」と「武士」をしばしば同一視してしまうが、これらは本来、全く異なる概念に属している。手近なところで『新版　角川日本史辞典』の「侍」の項を参照してみると、「侍」とは、本来は平安時代に貴族に近仕し、身辺の警護にあたる人々をいい、中世・近世を通じて、「武士」のことをいうとある。そして「侍」＝「武士」という身分観が法的に示された最初は、鎌倉幕府の御成敗式目において、「武士」を「侍」と呼んで、凡下（庶民）身分と区別したところにあるという。では「武士」とは何であろうか。同書の「武士」の項を参照してみると、武芸を職能とする職能人または職能集団をいい、奈良時代から文人に対する武人の総称としてみられるようになるという。そして中世武士は、弓射騎馬を特徴とし、その職能が特定の家柄に固定化されることで、社会的身分として定着したという。ただしそこでは、鎌倉幕府成立以降における、「侍」身分と同一化されていく、「武士」身分の展開については触れられていない。

いわば「武士」身分についての研究においては、実はその部分がいまだはっきりとされていないのである。江戸時代に関しても、一般的に「侍」＝「武士」といわれているが、厳密にみていくと、そう単純ではない。基本的には、将軍・大名などの武家とその被官という、いわゆる治者にあたる存在で、苗字帯刀の特権を与えられた者と考えられている。しかしながら、公家とその侍、被官関係が断絶した状態にある「牢人」、「郷士」や大庄屋などのように、役務をもとに百姓・町人でありながら恒常的もしくは一時的に苗字帯刀の特権を認められた存在、なども「武士」あるいは「武士並み」として、広く「武士」身分に含まれる状況があった。江戸時代における典型が、「侍」＝「武士」というあり方にあることは承認できる事態であるが、それがきれいに線引きされる状態ではなかったことも間違いない。それは、そもそも二つの身分の発生が、次元が異なっていることによると考えられる。

しかし江戸時代においては、「侍」＝「武士」というあり方が一般的になるのも事実であるから、中世から近世への歴史展開を考えるうえでは、その状況がどのように展開されたのかを明らかにしていくことが必要になってくる。とくに身分制の変遷は、何よりも社会関係の変化を表現するものであることからも、それはそのまま、中世から近世への歴史的展開を明らかにすることに等しくなる。現在の歴史学界において、これを説明しようとする学術概念が「兵農分離論」である。しかしこの議論は、現在の研究状況からすると、多くの問題を抱えるようになっている。ここで関連するすべての問題について取り上げ、解答を与えることはできないが、いくつかの問題について検討することで、解決のための糸口を探っていきたい。

一、「兵農分離論」の幻想

まず「兵農分離論」の問題点について確認することにしたい。「兵農分離論」というのは、簡単にいえば、中世を兵農未分離、近世を兵農分離ととらえ、それを近世初期政権の政策論によって成立したとする議論である。この議論は、戦後になって「太閤検地論」と一体のものとして展開され、現在の学界でもいまだ堅持されているといってよい。この議論が生み出されてくる学問的な背景について説明すると、かなり煩雑なことになるので省略するが、おおまかにいうならば、中世と近世とを決定的に異なる社会として定義することが前提になっている。

すなわちそこでは、中世では領主は在村し、村内の百姓を人身支配していたと理解され、そのため「太閤検地」「兵農分離」政策によって、その関係が破壊されたと考えられたのであった。しかしその後の研究において、中世の段階で、百姓によって構成される政治共同体としての村落の存在が明確化されたことによって、領主の個別百姓支配という事態は基本的に存在していなかったことがわかり、そのような前提そのものが成立しないことが明らかになっている。

したがって右のような政策論も必要なくなってくる。

そもそも「兵農分離」という概念が登場してくるのは、近世半ば頃のことであり、熊沢蕃山の「大学或門」（貞享四年〈一六八七〉頃の成立）あたりに始まるようである。[*1]そこで問題とされているのは、城下武士の困窮問題であった。その頃の武士は、城下に居住しているため生活費がかかり、幕府や藩から支給される知行分では不足し、被官を雇用することも十分ではなくなっていた。それでは軍役を務められる状態にはないと評価されていた。それに対して戦国時代までの武士は、所領に居住し、自身も耕作地を有して自作し、所領内の百姓とも密接な関係を結んでいて、軍役もそれら百姓を動員して務めており、そうした百姓の状態を農兵ととらえていた。そのため城下武士の困窮問題の解決のためには、武士を以前のような状態に戻せばよいと考えられたのである。

ここにみられるような、戦国時代までの武士と百姓のあり方についての認識が、戦後の「兵農分離論」の基礎をなしていることは、容易に理解されるであろう。さらに明治時代になって、近代軍隊の創設にあたって、再び「兵農分離」概念が取り上げられるようになる。すなわち国民皆兵の近代軍隊創設は、江戸時代の「兵農分離」から「兵農合一」への転換と評価されたのである。戦後の歴史学界も、こうして形成、維持されてきた「兵農分離」概念に規定されていたことがわかる。そこでの「兵農分離」概念は、まず江戸時代以来の認識が、「身分の分離」

と「居住地の分離」として認識され、さらに戦後の「兵農分離論」によって、それらは「経営の分離」によってもたらされると考えられたのである。この「経営の分離」というのは、武士は戦国時代までは戦士としての側面と農業経営者としての側面を併せ持っていたが、「兵農分離政策」によって、いずれかに特化し、前者が武士、後者が百姓として固定する、という考え方である。

しかし一七世紀末期における城下武士のあり方は、近世初期に創出されたものではなく、一七世紀後半における幕藩政改革のなかで、武士に直接所領支配をさせないで、幕府・藩の機構が行うことによって、生み出された事態であった。これを「地方知行制の形骸化」と概念化している。「地方」とは村方・浦方など、町場に対比される在所を指し、「地方知行制」とは、幕府・藩から給分を支給される「蔵米知行」と対比して、「地方」の所領を領主である武士の自己責任によって支配するようなあり方を指している。したがってこのような改革が行われなかった場合には、「地方知行制」はその後においても存続したのであり、外様大名の多くでその継続が確認されている。[*2]しかも対馬藩や佐賀藩では、地方知行制が存続していただけでなく、大名という主君から知行（所領）を与えられていた武士（給人という）の手作り地も存続していたし、[*3]江戸幕府旗本の岩松氏は所領での居住を基本としていたことが明らかにされている。[*4]これらの事例からも、「経営の分離」と「居住地の分離」は成り立たない。そうすると熊沢蕃山らが問題にした武士のあり方は、その当時においては大勢を占めた状態であったとはいえ、けっして近世社会の要件ではなかったことがわかる。

それでは「身分の分離」についてはどうであろうか。その前提にあるのは、「兵」＝武士＝戦士、「農」＝百姓で、戦国時代までは百姓が、「兵」＝武士＝戦士として行動していた、あるいは簡単に武士化できた、という認識である。百姓が戦士として行動していたから、戦国時代までは「兵農未分離」と評価されたということである。確かに戦国時代の状況は、そのようにとらえることができるようにもみえる。そのために永く「兵農分離論」は生き続けているともいってよい。しかし事態を精確に把握するためには、いくつか確認しておかなくてはならない事象がある。それらはいずれも、近年における中世村落論の進展によって明らかにされた事柄である。[*5]

そもそも中世は、あらゆる階層において自力救済を基本としていた社会であり、そのため百姓も武装し、しばしば激しい武力の行使を行っていた。しかも百姓は、個々に存在していたのではなく、厳しい社会環境のなかでの生き残りのために、生命維持装置として村落（集落と同義ではない）という政治団体を形成、維持し、村落こそが彼らの生死を規定していたのである。武力の行使も、村落の存続のために発動されていた。そのなかで百姓は、具体的には村落の構成員であった成人男子は、村落の戦士として存在していたのである。ちなみにこうした自力救済のあり方は、戦国時代のなかで次第に凍結されていき、近世という時代は、武士にその行為を限定的ながらも温存することで（無礼討ちなど）、社会的に封殺することで成り立った社会であった。

村落自体が、武力を行使していたことを前提にして、室町時代になると、村落は領主からの軍事動員をうけるようになる。しかしそれは、村落の地域防衛の範囲にとどまるものであった。そのため百姓は、領主の戦争に参加していたものの、それはあくまでも村落側の主体的な判断によるもので、村落の存続のための参戦であり、領主のいいなりになるようなものではなかった。その一方で、中世前期以来、村落の内部にも「侍」が存在していた。すなわち村落には、鎌倉幕府に仕える御家人＝武士やその被官だけではなく、荘園領主に仕える荘官やその被官などが存在していたのである。「侍」とは、誰かに被官化した存在、すなわち主人を持つ存在であったから、彼らは主人の命令のまま、遠く離れた、居住村の防衛に関わりのないような、主人の都合による戦争にも参陣するのである。ここに「主を持つ侍」と「主を持たない百姓」との、本質的な区分が存在している。そして「侍」身分の証しが、苗字を名乗るということであった。しかもこの区分は、百姓身分の存在と一体の関係にあるから、近世までを通じて一貫したものであった。

室町時代にみられた変化とは、それ以前の「侍」身分が、室町幕府からの公的な軍事動員の対象者とされて、「国人」という新たな身分呼称をされていく一方で、「主を持たない侍」を生み出していったところにみることができる。すなわち幕府の国別軍政官にあたる守護はその勢力圏の村落に対して、あるいは個々の領主は自己の所領の村落に対して、しばしば軍事動員をかけるが、それに応じて出陣してきた百姓が、新たに「侍」身分として存在するようになる。[*6]こうして村落には、「主を持つ侍」だけでなく、「主を持たない侍」も存在するようになっていく。

こうした状況は、戦争が日常的に展開される、一五世紀後半からの戦国時代には、完全に一般的な状況になっていく。しかも近世初期においても、大坂の陣に出陣した存在、近世中期になってそれを制度化した「郷士」制度、さらには幕末の戦争における「兵賦」などにみられ、やはりそうしたあり方そのものが、近世を通じて一貫して存在したのであった。[*7]したがって「身分の分離」という事態についても、「侍」は主人や領主からの軍事動員に応じる存在であったが、百姓はそうではないという原則は、実は中世・近世を通じて一貫していたのである。簡単にいえば、すでに中世の段階で「兵」と「農」は分離していたのである。

こうしてみると、「兵農分離論」を構成していた論点は、基本的には成り立たないことがわかるであろう。しかしこの議論がなお存続しているのは、そうとでも表現しないと納得することができないほどの、社会状況の変化がみられたことによる。それは近世の直前にあたる、戦国時代における状況にある。その大きな特徴は、村落の構成員のなかに、「主を持たない侍」の多くが、大名や領主に被官化して「主を持つ侍」になることであった。彼らのような存在は、村落の有力者であったから、それらを土豪層と称しているが、「兵農分離論」では、彼らを領主＝「兵」「武士」ととらえてきたのである。

しかし彼らはあくまでも村落の構成員であり、百姓としての属性を基本としており、被官としての側面は部分的なものでしかなかった。被官化しているのであるから、彼らの身分は「主を持つ侍」＝「兵」であった。しかし本来は百姓であったということは、領主に対して年貢・公事を負担する存在であったものが、被官化し軍事奉公するにあたって、支払うべき年貢などを免除されたにすぎなかった。すなわち彼らは、それぞれに本業を有しながら、戦時にのみ兵士としての仕事を兼ねる存在であった。

こうした存在を在村被官と称している。そのため被官とはいっても、常時、主人に近仕して「常之奉公」をするのではなく、戦争の時だけ従軍する存在であった。同じ大名・領主の被官とはいっても、主人に近仕して軍政や行政実務にあたる常勤の家来ではなく、あくまでも戦争の際にのみ軍役を務める、いわば非常勤の家来であった。もちろんそうしたなかから、戦功をあげていくことで、他所で所領を与えられて、専業兵士としての性格に特化していき、完全な領主化・武士化を遂げていくものも存在したが、その反面において、逆に被官関係を断絶して、百姓に特化していく存在もみられた。[*8]

戦国時代においては、百姓から「兵」への転換、あるいはその逆の事態は、戦争の日常化にともなって、頻繁に生じていた。しかし近世社会が、全く身分転換がみられなかった社会かというと、近年における近世身分制に関する研究の進展によって、実際はそうではなかったことがわかってきている。近世の「兵」は、戦士であるとともに役人でもあったが、役人の質量の確保のためには、武士身分以外からも供給がないと維持されないのであり、そのため現実には、武士身分以外の出身が、武士化することは普通だったのである。[*9]「兵農分離政策」による身分の固定化という認識も、また幻想であったわけである。

二、戦国大名の家臣団構成

ここでは村落の土豪層が、どれほど戦国大名の家臣になっていたのかという状況を、関東の戦国大名である北条氏の場合をもとに、具体的にみていくことにしよう。そのことをみるうえで格好の素材になるのが、永禄二年（一五五九）作成の「北条家所領役帳」という史料である（全文は『小田原衆所領役帳　戦国遺文後北条氏編別巻』を参照）。これは北条氏が、永禄二年の段階ですべての給人について、知行貫高と知行地を列挙し、彼らへの所領役を賦課するための台帳として作成したものである。これによって永禄二年時点における家臣団構成のほぼ全貌を把握することができる。これは近世においては分限帳と称されるものにあたる。戦国大名もこのような台帳を作成していたことは確認されているが、具体的に残存しているのは、この「北条家所領役帳」以外には例がない。また北条氏についても数度にわたって作成されたと考えられるものの、他の年代のものは残存していないから、あらゆる意味において極めて貴重な史料となっている。

「北条家所領役帳」（以下「役帳」と略する）は、北条氏の三代目当主氏康の時の永禄二年二月十二日に作成されたものである。そこには北条氏から所領を与えられた被官らが、所属する軍団ごとに列挙され、所領とその貫高が書き立てられている。具体的な記載例として、冒頭の部分をあげておこう。

一、松田左馬助（憲秀）
　千弐百七拾七貫七百弐拾文　　西郡苅野庄

これは小田原衆の冒頭部分にあたる。小田原衆とは、北条氏の本拠相模小田原城（小田原市）に配属されている軍団のことで、その筆頭者、すなわち指揮者が、北条氏の「一族」という家格にあった松田憲秀であり、列挙されている所領の筆頭にあげられているのが、相模西郡苅野庄（南足柄市）であった。

「役帳」に列挙されている被官は、北条氏に対して軍事奉公をする、いわば譜代の家臣に限られていない。北条氏から所領を与えられたすべての人が対象になっている。譜代家臣以外には、どのような存在があったかというと、何らかの奉公への見返りとして、本来は負担すべき年貢・公事を免除され、それを所領として認められた職人・神社・寺院がいる。さらには自立的な領国支配を展開しながらも、北条氏に従属する関係を結び、それにともなって北条氏から領国内で所領を与えられている国衆とその家臣、他大名家において北条氏への取次を担当する他大名の家臣らが、「他国衆」（他国の武家）としてあげられている。また関東の将軍の地位にある古河公方足利義氏に対し、北条領国内で進上された所領や、京都から北条氏を頼って下向してきた人々に与えられた所領もあげられている。

それら職人以下の部分を除き、北条氏に対して恒常的に軍役などの所領役（所領に対して負担する役）を負担する、一門衆（御一家衆という）・譜代家臣について、軍団ごとに人数をまとめると以下のようになる。

小田原衆（小田原城配属の軍団）　三四人
御馬廻衆（当主の直轄軍団）　九三人

玉縄衆（玉縄城配属の軍団）　一八人
江戸衆（江戸城配属の軍団）　七四人
河越衆（河越城配属の軍団）　二二人
松山衆（松山城配属の軍団）　一五人
伊豆衆（韮山城配属の軍団）　二九人
津久井衆（津久井城配属の軍団）　八人
（ただし奥三保での村ごとの記載部分については人数の計上は省いた）
諸足軽衆（軍事専門の集団）　一六人
御一家衆久野北条宗哲　一人
三浦衆（三崎城配属の軍団）　四七人
御一家衆北条氏堯衆　四人
小机衆（小机城配属の軍団）　二九人

合計すると三九〇人になる。ただし記載形式については必ずしも統一されているわけではないため単純に計上できない部分もある。そのため記載の圧倒的多数を占める一つ書を基準にし、それに続いてその被官集団について「同心衆」とのみあげられているものについては省いた。

また家臣の被官で、その家臣からのみ所領を分与されている「寄子」についても基本的に省いた。そのためこの数字は、北条氏当主の直臣数のおおよその目安と理解していただきたい。ちなみにこれは軍勢数とは異なる。彼らは、おおよそ知行高に応じてさらに自身の被官を動員するのであり、それが全体の軍勢数となる。

それら約三九〇人の直臣のあり方は、もちろん一様ではない。所領高の合計は約六万四三〇〇貫文であるが、最も所領高が高いのは、御一門衆筆頭の久野北条宗哲（氏康の叔父）で、五四四二貫一〇〇文である。家臣全体の所領高の一割近くを、宗哲一人が領有していたことになる。所領高千貫文を超える大身の一門・重臣はこの宗哲を含めて十一人いる。列記すると次のようである。

北条宗哲（氏康の叔父）	五四四二貫一〇〇文
松田憲秀（宿老筆頭）	二七九八貫一一〇文
遠山綱景（江戸城代）	二〇四八貫四三五文
北条三郎（宗哲の子・小机城主）	一六二二貫一一二文
北条綱成（氏康の義弟・玉縄城主）	一五三三貫九一五文
太田康資（江戸衆寄親）	一四二〇貫八八七文

内藤康行（津久井城主）　一四一〇貫二五八文
富永康景（江戸城将）　一三八三貫七三四文
大道寺周勝（河越城代）　一二一二貫二五六文
北条氏尭（氏康の弟）　一一六八貫七五七文
垪和氏続（松山城将）　一一二八貫六七五文

いずれも北条氏の領国支配を分担する、一門・重臣の有力者である。彼らの所領高の合計は約二万一二〇〇貫文にのぼり、全体の三分一を占めている。その比重の大きさが実感されるであろう。

これに対して所領高の最低は、河越衆山中孫七郎の同心とみられる小菅大炊助の三貫文である。三貫文というと田六反もしくは畠一町八反の貫高（課税基準値）にあたる程度にすぎない。所領の所在地は武蔵入西郡石坂（埼玉県鳩山町）で、同所には他に知行者がみられないから北条氏の直轄領であったと推定され、その所領は、弘治元年（一五五五）の検地（田畠面積をもとに村高を算出する政策）による増分（以前の村高から増加した分）のうちから与えられたものであったことが知られる。同人についての詳しい調査はできていないが、在地の土豪で、戦功をもとに、年貢負担地のうち田六反分、もしくは畠一町八反分について、所領として認められた可能性が想定される。

それではそうした土豪層は、「役帳」にはどのようにみえているのであろうか。北条氏の初代伊勢宗瑞（いわゆる北条早雲）が、戦国初期の明応二年（一四九三）に、駿河の戦国大名である今川氏の御一家衆という立場で、堀越公方足利氏の領国であった伊豆に侵攻した際、伊豆と駿河の国境地域にあたる西浦（沼津市）の土豪たちは、いちはやく宗瑞に味方したと伝えられている。例えば近世初期の一七世紀初頭頃に成立したとみられる「異本小田原記」という、北条氏の歴史を主題にした軍記には、「伊豆国に名ある侍、悉く馳せ着きける、就中伊豆の中には、松下は三浦（三津）の住人、江梨よりは鈴木、井田、富永、田子の山本などいふ人々、皆早雲（伊勢宗瑞）下知に随ひける」（国史叢書本刊本三〇六〜七頁）とある。彼らについてはいずれも「役帳」に記載があり、北条氏の直臣になったことが確認される。具体的な記載をみることにしよう。

まず三津村（沼津市）の松下氏については、御馬廻衆のうち伊東九郎三郎の同心として、次のようにある。

一、卌三貫文　豆州西浦ニ而被下　松下三郎左衛門

伊豆西浦というのは、三津村を含む広域地名にあたる。松下はそこで三三貫文の所領を与えられている。江梨村（沼津市）の鈴木氏については、河越衆大道寺周勝の同心として、次のようにある。

一、百貫文　豆州江梨　鈴木次郎三郎
　　役致来、但人数着到・出銭同前（ハ如高辻）

鈴木は居住村の江梨村で所領一〇〇貫文を与えられている。注記にある「役致来」というのは、その所領についてこれまでも所領役を負担してきたことを意味し、「但」以下の部分のうち、「人数着到」というのはいわゆる軍役、「出銭」は出陣しない場合に負担する金銭を指す。「如高辻」というのは、所領高に相当する役を負担することを意味する。したがって鈴木の場合、軍役や出銭は所領高一〇〇貫文に賦課される分を負担する、ということを意味している。

続いてみえていた「井田、富永」というのは、「井田（沼津市）の富永」のことであり、北条氏のもとで重臣になる富永氏を指している。富永はもとは伊豆国主であった堀越公方足利氏の家臣であり、伊勢宗瑞が同家を滅亡させると、そのまま仕えた存在である。したがって土豪層ではないから省く。最後の、田子の山本氏については、三浦衆の寄親の一人として、次のようにある。

一、山本太郎左衛門
　卅貫文　　伊豆奥田子
　七拾貫文　同　一色
　三拾五貫文　同　梨本
　　以上百三拾五貫文　御公方役従前々有之

筆頭にあげられている所領は、居住村の田子（西伊豆町）におけるもので三〇貫文である。その他に、近隣の一色（西伊豆町）で七〇貫文、梨本（河津町）で三五貫文を与えられている。注記のうち「御公方役」は所領役のことであるから、注記では所領役を以前から負担してきたことを示している。

これらのうち松下・鈴木はともに他者の同心として存在し、逆に山本は他者を同心として従える寄親としてみえている。戦国大名の家臣団は、直臣すべてが同次元に位置したのではなく、多くの直臣は実際に軍事・行政において指揮をとる少数の家臣たちに付属されていた。これらの場合では、松下・鈴木は、山本のような寄親に付属されて、日常的に軍事・行政に関する任務を行っていたかたちになる。

また山本の場合、他とは異なって複数の所領を有しているが、そのうち被官化した当初に与えられた所領は、居住村の三〇貫文であったと考えられる。これは田で六町分の貫高にあたるから、自身の所有地のうちを所領として認められたものとみてよいであろう。その他のものは、その後の戦功によって、近隣の地域のうちで新たに与えられたものと考えられる。この場合、山本は居住村では、領主に免除分以外の年貢・公事を負担する百姓としての性格を継続していたが、他の所領では、年貢・公事を収取する領主として存在したかたちになる。

このように土豪層の場合、まず居住地で所領を与えられた。それは多くの場合、本人が百姓として領主に負担する年貢地について、年貢免除を認められたものである。しかしそれは基本的には年貢のみの免除であって、所有地に賦課される公事（人足役や役銭）は負担し続けるのである。その意味で彼らは、本質的には百姓であり、所領として認められた部分に限って年貢の替わりに軍役を負担した存在であった。そして松下・鈴木のように、自身の所有地について年貢免除を認められた所領しか存在しないものは、基本的に普段は在村し、戦争の際に軍役のみを負担した。これが在村被官のあり方であった。

北条氏の直臣三九〇人のうち、こうした土豪層がどれほど存在していたのかについては、個々の直臣についての詳細な研究が必要であり、いまだそれは果たされていない。しかし所領高がある程度の目安にはなろう。江梨の鈴木の場合、所領高は居住地で一〇〇貫文であった。これを基準に考えてみると、所領高一〇〇貫文以下のものは二六二人にのぼっている。もちろんこのなかには、重臣の子弟なども含まれているため、すべてが土豪というわけではないが、その割合は全体の六七%にあたっている。さらに松下や当初の山本の状況にあたる、所領高五〇貫文以下を基準にしてみると、それに該当するものは一七六人にのぼり、その割合は全体の四五%にあたっている。この層だとほとんどは在村の土豪層とみてよいと考えられる。そうすると戦国大名の直臣の半数は、在村の土豪であったと考えてさしつかえない。

こうした状況は、他の大名家についても同様に考えられる。しかも近世統一政権を形成した羽柴秀吉は、よく知られているように、百姓の出身で、織田信長の奉公人になり、さらに所領を与えられて「武士」化し、領国を与えられて大名となり、ついには天下人となった存在である。織田信長も、また秀吉の後に天下人になった徳川家康も、もとは大名に従う国衆であったから、その被官の多くは在村被官であった。それが天下人になったことで、その被官たちの多くが大名にまでなり、大名とはいかなくても完全な専業武士になった。織田大名系の柴田・丹羽・前田・佐々、徳川大名系の酒井・本多・大久保・榊原など、いずれも土豪の出身であった。そのため近世武士の多くは、土豪の出身であったといって過言ではない。

三、在村被官の様々な動向

戦国時代には、在村しながら「主を持つ侍」が大量に生まれた。しかしそれは、先にみた西浦三津村では松下氏、同江梨村では鈴木氏、田子村では山本氏しか存在していなかったから、大抵の場合は、村ごとのレベルでみていくと、一村につき一人二人程度にすぎないともいえる。松下氏・鈴木氏は、その後も北条氏の直臣として存在し続けた。所領も増加することはなかったようであるから、基本的には「役帳」の段階と変わらない、在村被官であり続けたと考えられる。しかし天正十八年（一五九〇）の北条氏の滅亡後に、両者の辿った道は正反対の方向を示すことになる。両者が北条氏の在村被官になってから、およそ一〇〇年後に、大きな分岐が訪れたといえるであろう。

松下氏は、北条氏滅亡後に新たに入部してきた徳川氏のもとで、西浦を支配する代官の被官になったようである。いわば「主を持つ侍」の立場の継続を遂げていた。しかし慶長元年（一五九六）を最後に西浦での活動は確認されなくなる。その直前の文禄三年（一五九四）から同四年は、伊豆で飢饉があった。松下氏は大規模な漁業経営者でもあったが、文禄四年二月に、その権利を、同じ三津村に住む有力者の大川隼人に売却している。こうして松下氏は、本業の漁業経営が成り立たなくなったためか、三津村を離れることになり、やがて徳川家康の次男で下総結城一〇万石の大名であった結城秀康に仕える。そして慶長五年の関ヶ原合戦の結果、秀康が越前の国持大名に転じると、松下氏もそれに従って越前に移住している。[*10] 松下氏は、在所における経営も成り立たなくなったこと、「武士」身分の維持を図ったことで、在所を離れて武士化することを選択したといえる。

それに対して鈴木氏は、北条氏滅亡後は、新たな被官関係を結ばず、在地では「主を持たない侍」として、領主との関係では百姓として、自身の経営の継続を選択し、近世を通じて土豪として存続していく。こうした被官関係を断絶する動向は、戦国時代のなかでもみられていた。西浦では、戦国時代前期の天文二十三年（一五五四）の段階で、三津村の松下氏のほか、長浜村の大川氏、三津村の大川氏、重須村の土屋氏、木負村の相磯氏が、在村被官として存在していた。ただ所領を与えられていたのは松下氏のみであったから、それ以外は給人ではなく、奉公人として存在していたと考えられる。年貢分を免除されるのではなく、年貢・公事について軽減される替わりに、何らかの奉公をするという関係である。彼らはいずれも漁業経営者であったから、奉公は漁船を使用した輸送役を務めることにあった。しかしその後、給人となっていた松下氏を除くすべてが、単なる百姓として存在するようになっている。彼らは被官関係を断絶し、百姓としての立場に特化することを選択したということである。[*11]

逆に田子村の山本氏は、戦国時代のなかで「武士」への特化をすすめていっていた。山本は三浦衆に属し、相模三浦郡三崎城（三浦市）に配属されていた。永禄九年（一五六六）から三崎城主に北条氏規（氏康の五男）が就任し、山本はその被官になる。氏規のもと、東京湾を挟んだ対岸の房総半島との戦争のため、基本的に三崎城に在城することが多かった。そのため山本は、天正五年（一五七七）に、氏規に対して、「伊豆奥手遠につき、三浦の在陣走り廻りも成らざる由、知行替えの侘び言」を要求している。すなわち、所領がある伊豆奥（伊豆半島南部）は三崎城からは遠いので、所領を三浦郡に変更して欲しいと要求したのである。それに対して氏規は、「存分に任せ候、別紙に書き付け下され候」と、山本の要求を受け入れ、所領の変更を認め、あらためて所領として与える場所についての書き付けを与えている（「山本文書」『戦国遺文　後北条氏編』四七二一号）。しかし在所の田子村における所領については、天正九年の段階で、同所の所領を維持し、戦時には在村していたことが確認されるから、所領替えの申請はしなかったようである（「山本文書」同前四一四四号）。本拠の屋敷地や所有地については、手放す意志はなかったと考えられる。しかしこの山本氏も、北条氏滅亡によって在所に居住することができなくなったらしく、結城秀康に仕えて、江戸時代は越前藩士となって、「武士」化するのである。

もう少し、在村被官の動向をみていくことにしよう。山本氏以上に、武家のなかでの政治的地位を確立していた存在も多くみることができる。玉縄城主を歴任する北条氏の御一家衆に玉縄北条氏があるが、筆頭家老の朝比奈氏は、伊豆下田（下田市）の出身であった。[*12] 二番家老の朝倉氏は、伊豆鎌田（伊東市）出身の分家（本家は御馬廻衆）であった。いずれも廻船業・漁業に携わっていた存在であったと推測される。「役帳」の段階での所領高は、朝比奈氏が二一〇貫文、朝倉氏が二九九貫文であり、戦功を重ねることで多くの所領を獲得した存在であることがわかる。北条氏が滅亡した後も、玉縄北条氏は新たに入部してきた徳川氏に仕え、下総国で所領を与えられて大名として存続する。その後の朝比奈氏の動向は確認できないが、朝倉氏は主家を離れて結城秀康に仕えている。

また北条氏に従属し、武蔵世田谷領を支配した吉良氏の二番家老は、大平氏といって、領内等々力村（世田谷区）の出身であった。戦国時代の後半に入る頃まで、大平氏は在地の土豪でしかなかった。居住村の領主は、その頃、吉良氏の二番家老の地位にあった円城寺氏であったが、没落してしまった。大平氏はそれをうけて吉良氏に被官化し、自村を所領として与えられたが、その前提には荒廃した自村の再開発（不作地・荒れ地の耕地への復旧）があった。再開発しなければ、年貢を収取できる所領として機能しなかったのである。その後、大平氏は立て続けに世田谷領内において所領を与えられていき、やがては二番家老にまで台頭していく。しかしそこでは、常に再開発をともなっていた。大平氏は、開発事業を得意にしていたとみられ、いわば開発請負人ともいうべき存在で、結果として二番家老まで出世したとみられる。北条氏滅亡とともに、吉良氏も世田谷領の領主としては没落するが、新たに入部した徳川氏に仕え、上総国で所領を与えられる。しかし大平氏はそれには従わないで、等々力村への居住を続け、近世では名主として存続していくのである。[*13]

玉縄北条氏や世田谷吉良氏は、戦国大名ではないが、その有力一族・国衆という、大名家のなかでも有数の政治的地位にあった存在である。玉縄北条氏は「役帳」のなかでも所領高五位の大身領主であった。吉良氏は、室町時代以来、足利氏御一家という関東武家社会では極めて高い政治的地位にあった存在である。その家老クラスが、土豪の出身であったことになる。そうした状況は珍しいことではなく、むしろ一般的なことであった。北条氏に隣接して存在した戦国大名に甲斐武田氏がある。その最有力一族に穴山武田氏があった。甲斐河内領（山梨県南西部）を領国としていた。その有力家老に、領内薬袋村（早川町）出身の佐野氏、下山宿（身延町）出身の芦沢氏などがいる。佐野氏は本家が家老になり、土豪としての家は次男に受け継がれている。逆に芦沢氏では、本家が土豪として存続し、家老になったのはその分家とみられる。甲斐武田氏は天正十年（一五八二）に滅亡するが、穴山武田氏は徳川氏に従う国衆として存続した。その過程で、家康の五男万千代が養子入りしてきたため、徳川氏の一門大名になっている。北条氏滅亡後に、徳川氏は関東に転封することになる。佐野氏・芦沢氏ともに、土豪としての家は別家が存続していること、主家が徳川一門大名であったことから、武士の継続を選択して、在所から離れ移住する。近世ではともに、武田万千代の遺領を継承した水戸徳川氏の藩士になっている。[*14]

甲斐武田氏に従う国衆から有力宿老になったものに、郡内小山田氏があった。甲斐郡内領（山梨県東部）を領国としていた。その有力家老に、領内船津（富士河口湖町）出身の小林氏がいる。尾張守と和泉守を歴代の通称とする二家があり、ともに戦国時代半ば頃になって、隣接する上吉田村・下吉田村（富士吉田市）にも進出し、領主・代官を務め、またともに下吉田村に屋敷を構えている。とくに和泉守家は、本拠そのものを下吉田村に移したとみられている。小山田氏は、天正十年の甲斐武田氏の滅亡にともなって、同じく滅亡する。両小林氏は、新たな被官関係を結ぶことなく、土豪としての存続を選択し、それぞれ本拠の船津村・下吉田村の有力住人として存在していくのである。[*15]

このように在村被官の動向は、戦国時代のなかでも「武士」に特化していく者、被官関係を断絶して百姓に特化していく者、仕えていた大名家の滅亡にともなって百姓に特化していく者、その後も新たな大名家に仕えて「武士」に特化していく者というように、様々な動向をみせていた。しかし彼らのそもそもの被官化の背景にあったのは、戦争の日常化という事態であったから、戦国時代の終焉は、そうした被官化の大きな要因の消滅を意味していた。そのため近世になると、土豪の被官化という現象は、著しく減少することになる。また戦国末期における羽柴秀吉の列島統一の過程で、戦国大名・国衆の滅亡が頻繁に生じる。北条氏もそうしたなかで滅亡した大名の一つであり、北条氏に従属していた多くの国衆もまた、同時に滅亡している。そうした主家の滅亡にともなって、所領を与えられていた在村被官は、他の大名家に仕えて「武士」として継続していくか、在所への居住を維持して「主を持たない侍」や百姓としての立場になるかの、選択を迫られることになる。先にあげた事例でいうと、松下氏・山本氏・朝倉氏・佐野氏・芦沢氏らは前者を、鈴木氏・大平氏・小林氏らは後者を選択したのである。

さらに列島統一後の政治過程のなかで、大名家の領国の移動という事態が頻繁に行われるようになる。いわば近世における国替えである。その際、所領を与えられている被官は、それまで通りに「武士」としての継続を図って在所から離れるか、在所への居住を優先して被官関係を断絶するかの選択を迫られることになる。転封を経験しない大名は、九州の鍋島氏・島津氏など、戦国時代から領国が変わらなかった大名を除いて、ほとんど存在しなかったから、その過程で必然的に、在村被官は「武士」に特化するか、百姓に特化するかの選択を迫られることになる。

すなわち戦国末期から近世初期における、大名の滅亡や大規模な国替えの展開を通じて、在村被官という戦国時代的な被官のあり方がなくなり、列島の多くの地域で「武士」か百姓かという二分化が展開されていくことになる。こうした顕著な社会動向が、「兵農分離論」を生み出したと理解される。しかしそれは、「兵農分離政策」によるものではなく、戦争の終結にともなう、社会現象として理解すべき事象であろう。しかもそれは、主家である大名家の滅亡や移動という、主家の動静にともなって生じた現象であり、それが戦国末期から近世初期に頻発化したことによった結果であった。

おわりに

戦国大名の直臣のうち、半数は在村の土豪である、在村被官という状況であった。さらに土豪出身者はそれ以上に存在したから、戦国大名段階の「主を持つ侍」＝「兵」＝「武士」の大半が、土豪の出身であったといってさしつかえない。それだけでなく、近世政治体制を規定した天下人の出身は、国衆（織田・徳川）やその家臣（羽柴）であったから、それらの家臣はほぼ土豪出身であった。そのため近世大名のうち、戦国時代以来のものは東北・九州における一部の大名を除いて、ほとんどが土豪層出身であり、その家臣らについても同様であった。いわば近世武士のほとんどは、戦国時代の土豪の出身であったのである。それが戦争の終結による、政治体制の安定化によって、彼らは「武士」として存続することになったといえる。

当然のことながら、彼らは戦国時代をさかのぼる先祖を持っていない。彼ら自身が、武士の家としての創始者であったからである。そのため中世前期の武士のように、先祖伝来の武具や武芸なども持ち合わせていなかった。そのため彼らの「武士」としての自己認識は、専業兵士であることと、「主を持つ侍」、すなわち主家に奉公する身であることに求められていったと考えられる。しかも戦国時代というのは、「主を持つ侍」のあり方が、それ以前と比べて大きく変質した段階にあたっている。それは戦争の日常化をもとに、戦国大名・国衆という一定地域を排他的に支配する領域権力が展開したことに関わっている。そこでは「家中」という一元的な家来組織が形成され、その際に彼らの自力救済能力は基本的に凍結されたのである。「主を持つ」ことにともなって存在する所領は、主家から与えられたもののみしか存在しえなくなっていた。[*16]

したがって武士として存続するためには、主家への奉公を励み、所領を維持することにかかっていくような状況が生み出された。そうして生まれてくるのが、「武者道」「武扁道」の強調であったとみられる。武士であるからには常に武功をあげることに励み、主君への忠節を尽くす、という忠義の観念である。こうした観念が、公家や「主を持たない侍」・百姓との対比のうえで、戦国時代のなかで強調されてくるようになる。[*17]これが近世武士道に展開していくことは容易に察することができるであろう。もちろん、それ以前においても「武士」は「主を持つ侍」であったから、主人への忠義という観念がなかったわけではない。しかし南北朝内乱の段階では、忠義を尽くすということは、いまだ一般化していなかった。中世の被官には、主人と生死をともにする「服仕の家人」と、去就の自由を担保した「家礼」の二通りのあり方があったが、[18]前者の割合は極めて小さかった。しかし戦国時代における被官は、圧倒的に前者の形態になった。

武士は忠義を尽くす存在である、という言説は、このように戦国時代になって体制化していったものと考えられる。しかしまだ近世武士道との懸隔は大きい。戦国時代の「武者道」「武扁道」の根幹には、武功をあげる、それにともなって主君はそれに見合う恩賞を与えなければならない、という戦争の時代であるからこそ可能な要件が含まれていたからだ。戦争がなくなれば、武功はあげられず、恩賞も与えられなくなる。近世武士道は、そうした平和な社会のなかでの武士の自己規定のために、作り出されていくことになるのであろう。

＊1――小野武雄『郷士制度の研究』(大岡山書店、一九二五年)四〇頁参照。
＊2――J・F・モリス他編『近世社会と知行制』(思文閣出版、一九九九年)において多くの事例が取り上げられている。
＊3――高野信治『近世大名家臣団と領主制』(吉川弘文館、一九九七年)・同『近世領主支配と地域社会』(校倉書房、二〇〇九年)・長野暹『幕藩制国家の領有制と領民』(吉川弘文館、二〇〇四年、とくに五五〜五七頁)などを参照。
＊4――落合延孝『猫絵の殿様　領主のフォークロア』(吉川弘文館、一九九六年)。
＊5――藤木久志『村と領主の戦国世界』(東京大学出版会、一九九七年)・同『刀狩り』(岩波新書、

二〇〇五年）・稲葉継陽『日本近世社会形成史論』（校倉書房、二〇〇九年）などを参照。

＊6――伊藤俊一『室町期荘園制の研究』（塙書房、二〇一〇年）を参照。

＊7――長谷川裕子「15～17世紀における村の構造と領主権力」（『歴史学研究』八八四号、二〇一一年）。なおそれらの事実については、注1小野著書・原田敏丸「家格の諸相とその解体」（同『近世村落の経済と社会』山川出版社、一九八三年）・藤木久志「村の動員」（注5藤木『村と領主の戦国世界』）などを参照。

＊8――拙稿「大名被官土豪層への視点」「大名被官土豪層の歴史的性格」（拙著『中近世移行期の大名権力と村落』校倉書房、二〇〇三年）・「武田氏家中論」（平山優・丸島和洋編『戦国大名武田氏の権力と支配』岩田書院、二〇〇八年）などを参照。

＊9――横田冬彦『日本の歴史16　天下太平』（講談社、二〇〇二年）などを参照。

＊10――拙稿「伊豆西浦三津村の構造」（拙著『戦国期領域権力と地域社会〈中世史研究叢書15〉』岩田書院、二〇〇九年）を参照。

＊11――そのうち長浜村・三津村大川氏の動向については、拙稿「伊豆西浦大川氏の展開」（前注拙著所収）を参照。

＊12――玉縄衆朝比奈氏については、湯山学「旧江の島上宮の扁額――玉縄城主の江島支配」（同『三浦氏・後北条氏の研究〈湯山学中世史論集2〉』岩田書院、二〇〇九年）を参照。

＊13――大平氏の動向については、拙稿「開発請負人　武蔵世田谷領の大平氏」（注10拙著所収）を参照。

＊14――拙稿「甲斐穴山武田氏・小山田氏の領域支配」（注10拙著所収）を参照。
＊15――小林氏の動向については、小佐野浅子「武田領国の土豪層と地域社会」（注8平山・丸島編書所収）・「甲斐国都留郡小林氏の系譜と本拠」（『日本歴史』七四八号、二〇一〇年）を参照。
＊16――拙著『百姓から見た戦国大名』（ちくま新書、二〇〇六年）。
＊17――藤木久志「織田政権の成立」（同『戦国大名の権力構造』吉川弘文館、一九八七年）を参照。
＊18――石井進「主従の関係」（『講座日本思想　第三巻秩序』創文社、一九八四年）を参照。
（『季刊 iichiko』一一一号、二〇一一年）

平凡社ライブラリー版　あとがき

本書は、二〇一四年に平凡社新書として刊行した『戦国大名――政策・統治・戦争』を、若干の誤字・誤記を修正し、新たに関連する論文二編を加えて、あらためて平凡社ライブラリーとして刊行するものである。旧著が刊行されてから九年が経つ。執筆に際しての目論みは幸いにも叶い、旧著は新しい戦国大名論を総括したものとして評価され、その間、歴史学専攻の学生あるいは大学院生の授業テキストとしても多く利用していただいたようである。私自身も、ゼミでのテキストとして利用してきた。それらのお陰をもって、旧著は品切れになった。そうしたところ平凡社編集部の進藤倫太郎さんが、旧著を平凡社ライブラリーとして再刊することを取り計らってくださった。

再刊にあたっては、異なるレーベルからの刊行ということで、増補することを認められたので、旧著を執筆した際に直接に前提にした論考で、論文集などにまだ収録していない二編を加えることにした。それらは第一章・第六章を支えているものになる。その他にも、同様に旧著において前提にした論考があと二編あったが、分量が超過してしまうので、増補として収録するのはその二編にとどめた。ちなみに収録できなかった二編については、参考文献にあげている書籍には収録されているので、参照できるものと思う。

再刊のために旧著を読み直してみたが、旧著は、二〇数年におよぶ研究成果を凝縮したような内容であることをあらためて実感した。同時に、旧著が現在でも戦国大名論の到達点に位置し続けていることを認識した。とはいえその間にも、戦国大名に関する研究の進展はみている。旧著で取り上げた内容では、とくに第三章で取り上げた部分のうち、座商人や「楽市・楽座」について、実態解明および議論が大きくすすめられていると感じている。そのことをもとに新たな叙述を展開することも考えた。しかし旧著はすでに研究史に位置付いているため、内容を追加などすることは控えることにし、ここではそのことについてだけ特記しておく。

なお旧著刊行後、私自身としては、旧著の内容に関わって、第五章に関連して『国衆』、第二章・第四章に関連して『戦国北条家の判子行政』を、ともに平凡社新書で刊行している。前者は、戦国大名とならんで存在した戦国時代の領域権力である国衆について、全面的に取り上げたものである。旧著では十分に取り上げることができなかった、国衆の動向とそのあり方についてて詳しく取り上げている。後者は、戦国大名の民衆統治の性格について、現代的視点からあらためて評価したものである。実は旧著の内容は、歴史学を専攻していない学生や市民には、やや専門的な部分があった。そのため一般の学生・市民向けに、現代社会への視点を意識的に取り上げたものになる。ともに旧著、もとい本書と密接に関連しているので、まだお読みでない方には、本書ともどもあわせてお読みいただきたい。

本書の刊行により、旧著の内容は引き続いて広く読まれうる状況が用意されることになった。著者としては素直に喜びたい。最後になったが、旧著刊行を取り計らってくれた平凡社編集部の坂田修治さん、本書の刊行を取り計らってくれた進藤倫太郎さんに、あらためて御礼を申し上げます。

二〇二二年一二月

黒田基樹

[著者]
黒田基樹（くろだ・もとき）
1965年生まれ。早稲田大学教育学部社会科地理歴史専修卒業。博士（日本史学）。専門は日本中世史。現在、駿河台大学教授。著書に『関東戦国史』『戦国大名の危機管理』（角川ソフィア文庫）、『百姓から見た戦国大名』（ちくま新書）、『国衆』『戦国北条家の判子行政』（平凡社新書）、『戦国北条五代』（星海社新書）、『戦国大名北条氏の領国支配』（岩田書院）、『中近世移行期の大名権力と村落』（校倉書房）、『戦国「おんな家長」の群像』（笠間書院）、編著に『鎌倉府発給文書の研究』『関東管領上杉氏』（戎光祥出版）、『北条氏年表』（高志書院）、監修に『戦国大名』（平凡社別冊太陽）など多数。

平凡社ライブラリー 943
増補《ぞうほ》 戦国大名《せんごくだいみよう》 政策《せいさく》・統治《とうち》・戦争《せんそう》

発行日…………2023年4月10日　初版第1刷

著者……………黒田基樹
発行者…………下中美都
発行所…………株式会社平凡社
〒101-0051　東京都千代田区神田神保町3-29
電話　(03)3230-6579[編集]
(03)3230-6573[営業]

印刷・製本……株式会社東京印書館
DTP…………平凡社制作
装幀……………中垣信夫

ISBN978-4-582-76943-2

平凡社ホームページ https://www.heibonsha.co.jp/